Present Moment
Wonderful Moment

Present Moment Wonderful Moment
Mindfulness Verses for Daily Living
by Thich Nhat Hanh

今このとき、すばらしいこのとき

Present Moment Wonderful Moment

日々の暮らしの中で唱える
マインドフルネスのことば

ティク・ナット・ハン
Thich Nhat Hanh

島田啓介 訳
Shimada Keisuke

野草社

二〇二二年版のためのまえがき

マインドフルネスが広く知られるようになってきた現在、多くの人が「生活の中にどう生かせばいいのだろう?」と問いかけるようになりました。

私たちの意識の深いところには、詩のリズムとうねりがひそんでいます。意識にはさまざまな層があります。多くの努力とエネルギーを消費する層もありますが、深層意識ではそれほどのエネルギーはいりません。

深遠な洞察は、意識の深みから長い時間かけて熟成した末に生まれてきます。それは歌や詩となり、ひと綴りの句や文章になります。ときには言葉ではなく、深い沈黙の中で体験されることもあります。

ガーターとはサンスクリット語で詩の一節を意味します。プラムヴィレッジでは、それを通常、四行詩のような短文にして大切に用いています。本書のガーターは、ティク・ナット・ハン師の深い瞑想から生まれました。

これらを記憶に染み込ませ、日々の用事をこなしながら一つひとつの動作をていねいに行えば、自然に口からこぼれ出てくるようになるでしょう。動作に完全な気づきを保つとき、雑事をこなしながらも、心が過去や未来にとらわれることはなくなります。ガーターは、マインドフルネスの実践に欠かせない基本なのです。

意識の中の癒しの良き種に水やりすることも、ガーターの役割です。それによって私たちは、自分の内やまわりの美しくすばらしい要素に気づけるようになります。

皆さんはすでに禅師ティク・ナット・ハンの詩を読み、彼の詩の才能に触れたことがあるかもしれません。師は実践の助けとなる美しいガーターをこれまでに百篇以上制作していますが、それらの中から翻訳したものが本書です。言葉によって実践する習慣がつけば、自分でも作ってみたくなるかもしれません。

人の脳、身体、精神の機能は習慣のエネルギーに動かされています。幼少期に私たちは、歯の磨き方を憶えようとします。それはまもなく習慣化し、意識せずにでもできるようになります。一方で心は、歯磨きとは関係のない考えに支配されるようになります。今ここの現実から離れてしまうのです。

本書のガーターは、一つひとつの動作に肯定的な意味を与え、自分の行いに心をとどめるよう作られています。ある動作から次の動作に移るときには、また別のガーターを使うことができます。

コロナ禍の時期には、プラムヴィレッジのリトリートに多くの方がオンラインで参加しました。僧侶によるリトリートへの参加は叶わなかったけれど、代わりに自宅が瞑想センターや僧院になった、という感想も聞きました。ここでは自宅でも僧院と同じ実践ができるように、多くのガーターを加えました。

よろしければ、自分が行った実践を記録してみてください。日々の実践リストをつくり、二、三のガーターから始めて徐々に数を増やしていきます。その日が終わったら、指定したガーターができたかどうかを振り返って星印をつけてください。

それが、こつこつと実践を続けるための助けになります。言葉を憶えると言っても、暗記や唱える回数にとらわれないことです。一言一言をていねいに唱えながら、深く味わうことが肝心です。言葉が自分の生活に浸透していく実感こそが重要なのです。

この改訂版では、二十年ほど前にティク・ナット・ハン師が作ったガーターを加えました。それらのガーターは、「歴史的次元（日常）」、または「究極の次元（涅《ね》

	日	月	火	水	木	金	土
目覚めのとき	*	**	***	***	**	****	***
歯を磨く	*	**	***	****	***	****	***

います。

槃《はん》）」という語句から始まります。私たちの生活は、このふたつの次元からなって

歴史的次元は時間と空間によって規定され、等しい・異なる、あなた・私、など相対する概念でできています。究極の次元は、そうした概念の縛りを超えています。それは誰でも触れられる次元です。

ガーターによって日常の動作をマインドフルに行うよう心がければ、私たちは歴史的次元から究極の次元へといざなわれます。日々それぞれの体験を通して究極の次元に触れることで、精神的な生活は深まって行きます。ふたつの次元は互いに切り離せないことを理解してください。

こうした短詩を使うより、簡単な方法があるでしょうか？　私たちには、歴史的次元ですべきことがたくさんあります——学校へ通い、通勤し、そうしながら成長していきます。働くときにも、究極の次元とは関係なく、ベルトコンベアーで運ばれるように、次々用事をこなすことも可能です。

現実を深く生きるか、自動的に流れされるかは、自分しだいです。深く生きることができれば、歴史的次元（日常）を通して究極の次元（涅槃）に触れられます。その次元で私たちは、最終的な問題に触れるでしょう。

「死んだらどうなるのか？　人生の意味は何か？」
究極の次元に触れれば、人生は形と色彩が織りなす万華鏡に変わります。

シスター・チャンドック†

†――シスター・チャンドック：一九八八年に得度を受け、一九九〇年にダルマ・ティーチャー（導師）となった、もっとも古い弟子のひとり。ティク・ナット・ハンのベトナム語による著書を数多く英訳している。

今このとき、すばらしいこのとき

Present Moment Wonderful Moment

もくじ

一日のはじまりに　23
VERSES FOR STARTING THE DAY

瞑想のときに 89

VERSES FOR MEDITATION

涅槃を生きる 275

VERSES FOR ENTERING THE ULTIMATE DIMENSION

今このとき、すばらしいこのとき
Present Moment Wonderful Moment

日々の暮らしの中で唱える
マインドフルネスのことば

ティク・ナット・ハン
Thich Nhat Hanh

島田啓介 訳
Shimada Keisuke

はじめに

どんな人にも痛みや苦しみがあります。しかし私たちは、その痛みを手放し、苦しみに微笑むこともできます。それには、今この瞬間こそが生きられる唯一のときであると知ること、それ以外にありません。生きているのはすばらしいことです。

ガーター（偈頌《げじゅ》）は、日常生活の中で唱えることで、今この瞬間に戻り、マインドフルネス（気づきの心）を保てるよう助けてくれる短詩です。瞑想と詩の両方を含む実践という意味で、ガーターは禅の伝統には欠かせない要素ですが、それを用いるために、特別な知識や宗教的な修行はいりません。

ガーターの中からお気に入りの一節を諳《そら》んじて、繰り返し唱える人もいますし、紙にしるして目につく場所に貼っておく人もいます。

ガーターの実践は二千年以上前に始まりました。私が一九四二年、沙弥《しゃみ》としてベトナムの慈孝《トゥヒュウ》寺に入門したとき、中国の禅師讀體《ドゥティ》によって編纂《へんさん》された毘《び》尼《に》日用切要《にちようせつよう》（毎日使うための偈頌集）という冊子をいただきました。

五十のガーターからなるその冊子は、当時の僧と尼僧に向けて書かれました。私が住むフランスのプラムヴィレッジでは、朝起きるとき、禅堂に入るとき、食事の時間や、食器を洗いながら、ガーターによる修行をしています。実際には、今この瞬間に自分を保つことができるように、一日中、心の中でガーターを唱えているのです。

ある年の夏、私たちは、プラムヴィレッジにやってくる子どもや大人たちのマインドフルネス実践のために、現代人向けのガーター集の編纂に取りかかりました。それが、実践的で日常に応用できる偈文集として結実したのです。

私たちは忙しすぎて、自分の行動に無自覚なだけでなく、自分自身さえ見失うことがしばしばあります。呼吸するのも忘れていた、という人さえいるのです。

自分にとって大切な人に、きちんと目を向け感謝することも忘れて過ごすうちに、人はそうする機会を失います。時間に余裕があるときでも、自分の心や周囲に起こっていることに触れるすべを知りません。そうして、自分自身から逃げおおせるかのように、テレビをつけたり受話器に手を伸ばしたりするのです。

瞑想とは、自分の体、感情、思考や、この世界に起こっている事実に気づくことです。今この瞬間に心が定まるとき、生まれたばかりの幼子《おさなご》、昇ってくる太陽など、今ここにあるすばらしい出来事や不思議に目が開かれます。私たちは、目の前のことに気づくだけで、とても幸せになれるのです。

ガーターを唱えるのは、この今という瞬間にとどまる方法のひとつです。一編のガーターに意識を集中させれば、自分自身に帰り、一つひとつの動作に対する気づきが深まります。唱え終えても、高まった気づきを伴ったまま活動は続いていきます。

車を運転するときには、道路標識が行き先を教えてくれますね。標識と道路は一体となって、次の標識があらわれるまで私たちはその表示を心に保っています。ガーターを使って実践するときには、ガーターとこれから先の人生とが一体となり、私たちは毎日を目覚めた意識で生きることになります。

ガーターという大きな助けは、ほかの人にも恩恵をもたらします。心の中に安らぎと、穏やかさと、喜びの深まりがあれば、それを人と分かち合えるようになるのです。

瞑想と詩を合わせて実践するガーターは、禅の伝統の神髄です。ガーターを憶えれば、蛇口をひねるとき、お茶を一服するときなど、特定の行為と結びついた一節がおのずから心に浮かんでくるでしょう。

すべてのガーターをいっぺんに憶える必要はありません。まずは心の琴線に触れたものをひとつかふたつ選び、そのあと少しずつ憶えていけばいいのです。そのうちすっかり諳んじられるようになり、自作のガーターを編み出すことになるかもしれません。

電話をかけたり、運転したり、コンピュータを起動させるガーターは、多くの祖師から受け継いだ伝統を踏まえて作りました。読者である皆さんも、その伝統をくむ継承者のひとりです。ご自分の生活に応じて自作のガーターを生み出すことも、すぐれたマインドフルネスの実践にほかなりません。

このガーター集が、つねに皆さんに寄り添うすばらしい手引書となりますように。

†――沙弥：仏門に入ったばかりの比丘の資格を得ていない入門僧。

一日のはじまりに

VERSES FOR STARTING THE DAY

目覚めのとき

目覚めて微笑む
生まれたての二十四時間
一瞬一瞬気づきを忘れず
すべてを慈しみの眼《まなこ》で見られますように

WAKING UP

Waking up this morning, I smile.
Twenty-four brand new hours are before me.
I vow to live fully in each moment
and to look at all beings with eyes of compassion.

一日を微笑みで始める、それ以上にすばらしいことがあるでしょうか？　微笑みは気づきの証し、安らぎと喜びに生きるという決意のあらわれです。どれほど多くの日々が、ぼんやりと過ごすうちに失われたでしょうか？　あなたは、みずからの人生をどう生きていますか？

深く見つめ、微笑みましょう。本物の微笑みは目覚めた心から生まれます。起きた瞬間に微笑みを忘れないためには、どうすればいいでしょうか？　木の枝や葉っぱ、絵や印象的な言葉など、気づきのしるしを、窓やベッドの真上の天井に貼っておくのも一案です。

微笑みの実践が身についてくれば、そうしたしるしは不要になるでしょう。鳥のさえずりが聞こえたり、窓越しに射し込む日光を目にすれば、すぐに微笑みが浮かぶのです。そうすれば、穏やかな気持ちと理解の心をもって、一日を歩み出すことができるでしょう。

このガーターの最後の一行は、法華経*からきています。「すべてを慈しみの眼で見る」存在とは、慈悲の菩薩である観世音菩薩です。経典中でこの箇所は、「すべてのいのちある存在を見つめる慈しみの目（慈眼視衆生《じげんししゅじょう》）」と書かれています。

理解がなければ愛は成り立ちません。理解するためには相手をよく知り、その人の身になる必要があります。そうすれば、慈しみをもって接することができるようになります。愛は、完全に目覚めた心から生まれるのです。

*――ティク・ナット・ハン［著］／藤田一照［訳］『法華経の省察――行動の扉をひらく』（春秋社／二〇一一年）参照。

寝床を出るときに

朝　昼　夕　そして夜に祈る
生きとし生けるものが無事でありますように
うっかり踏んでしまった
虫の怖れが癒されますように
無畏《むい》なる菩薩をたたえます

STEPPING OUT OF BED

Morning, noon, eve, and night,
may all creatures take good care.
If I step on you by mistake,
may you transcend all fear.
Homage to the bodhisattva who transcends fear.

このガーターによって、心の慈悲の種につねに水をやってください。ベッドから身を起こし床に足を着けるとき、唱えるといいでしょう。ベッドの端に腰かけ、スリッパを探すとき、このガーターを思い出しましょう。靴を履くときにも、毎回使えます。小さな虫への慈悲を養えば、目にしたとき不快に思わず、むしろ守ってあげたくなるでしょう。けし粒のような虫でさえ死を怖れ、生きたがっていることがはっきりとわかります。

無畏《むい》（怖れのないこと）こそ、私たちが差し出せる最良の贈りものなのです。

3
VERSES FOR STARTING THE DAY

一日のはじめの一歩
大地の上を歩く
それこそが奇跡
マインドフルな一歩一歩が
ダルマカーヤ†の不思議を拓《ひら》きゆく

†——ダルマカーヤ：真理の本体そのものである法身《ほっしん》のこと。

TAKING THE FIRST STEP OF THE DAY

Walking on the earth
is a miracle!
Each mindful step
reveals the wondrous Dharmakaya.

一日の最初の一歩を踏み出すとき、このガーターを唱えるといいでしょう。歩く瞑想の際に、または立って歩きだすときならいつでも使えます。

ダルマカーヤの文字通りの意味は、理解と愛を説くブッダの教え（法《ダルマ》）の本体（身《カーヤ》）です。それはまた、山、川、星、月、あらゆる生き物としてあらわれている存在の基盤です。

入滅前にブッダは、「消え去るのはただ私の肉体のみ。法身は永遠にあなた方とともにある」と弟子たちに言いました。禅では、この言葉が「すべての存在の本性」を意味するようになりました。鳥のさえずり、暖かな太陽の光、熱い一杯のお茶――あらゆる現象がダルマカーヤのあらわれです。私たち自身も、こうした宇宙の奇跡と同じ本性をもっています。

大地の上を歩くのは奇跡です。奇跡を体験するために、空中や水上を歩く必要はありません。真の奇跡とは、今この瞬間に目覚めることです。緑の大地を歩けば、生きている不思議に打たれます。そのように歩みを進めれば、ダルマカーヤの太陽が輝きだすでしょう。

明かりをつける

マインドフルネスがなければ闇
マインドフルネスこそ光
気づきの心は
すべてのいのちを照らし出す

TURNING ON THE LIGHT

Forgetfulness is the darkness;
mindfulness is the light.
I bring awareness
to shine upon all life.

明かりのスイッチに触れるとき、少しのあいだ立ち止まり、このガーターを唱えましょう。それから明かりをつけます。明かりは部屋の中だけではなく、心の中にもともります。今という瞬間に心をとどめることは奇跡です。あらゆる幻想と雑多な思考は、明かりがともったとき、闇が退くように消え失《う》せます。

マインドフルであれば、心の中と周囲にある、爽《さわ》やかで安らいだ癒しの要素に触れられます。安らぎと喜びは、いつでも手に入るのです。

意識的な呼吸は、この瞬間に私たちを連れ戻してくれます。私は毎日、呼吸の練習を欠かしません。私の小さな瞑想室には、「息をして！　ほら、生きている（Breathe, you are alive!)」という書が貼ってあります。マインドフルネスが動作を光で照らすとき、私たちは自分を取り戻し、今ここでいのちに出会います。今というときこそが、すばらしい瞬間なのです。

ベッドを整える

楽しくベッドを整えれば
人生が整う
体と心を大切に護れば
苦しみは少しずつ消えてゆく

MAKING THE BED

Making the bed with joy,
I tidy up my life.
As I guard body and mind,
bit by bit the afflictions end.

体と心を護ることは、身心の活動に気づき、いのちを大事にする――理解と愛へと導くことです。毛布を手に取り、肉体と精神が分かれていないことを確かめましょう。環境を整えることが、人生に安らぎをもたらすのです。

窓を開く

窓を開け
ダルマカーヤを眺めやる
すばらしきいのちの世界！
一瞬一瞬をていねいに見守る
穏やかな川のごとく澄み渡るわが心

OPENING THE WINDOW

Opening the window,
I look out onto the Dharmakaya.
How wondrous is life!
Attentive to each moment,
my mind is clear like a calm river.

皆さんは、目が覚めたらカーテンを開け、窓の外に目をやるでしょう。窓を開け、草の葉に露を残す冷たい朝の空気を楽しむかもしれません。けれど、見ている景色は本当にあなたの「外側」にあるのでしょうか？　それは、あなた自身の心なのです。

太陽が窓越しに光を投げかけるように、あなたもあなた個人にとどまりません。窓から見える美しい景色もあなたです。存在するすべてのもの、あなたはダルマカーヤなのです。

窓を開け、外を見るとき、いのちの無限のすばらしさに目を見張ります。まさにそのとき、一日を通して気づきを保ち、残りの人生を、喜びと安らぎ、解放、調和に生きることを誓うのです。そうすれば、心は穏やかな川のように澄み渡ります。

蛇口をひねる
高い山から湧きいで
大地の底を流れる
奇跡の水に
心は感謝で満たされる

†――ベトナム語原文にもとづき、訳を改変。

TURNING ON THE WATER

Water flows from high mountain sources.
Water runs deep in the earth.
Miraculously, water comes to us
and sustains all life.

水源地についての知識があるだけで、私たちはふだん、水が手に入るのを当たり前だと思っています。しかし、生きていられるのは水のおかげなのです。人間の体の七十パーセントが、水でできています。食べ物の素材も、水がなければ育ちません。水は、地球の数え切れない生き物を育んでくれる、私たちの良き友であり菩薩です。その恩恵は計り知れません。

蛇口をひねる前やコップの水を飲むときに、このガーターを唱えてみましょう。自分の心の中に爽やかな水の流れが見え、それによってすっかり洗い清められるのが感じられます。

水という贈り物を祝福することによって、私たちは気づきの心を養い、自分とまわりのすべてのいのちを守る働きをすることができるのです。

顔を洗う

顔を洗い　心を清める
塵をぬぐい去れば
安らぎと喜びの水が
全身をひたす

WASHING YOUR FACE

Washing my face, I clean my mind.
Removing the dust,
the source of peace and joy
fills my whole body.

中国禅の僧である神秀《じんしゅう》が五祖弘忍《ぐにん》に示したのが、このガーターです。神秀師は、心は鏡であり、日々塵を払う必要があると言いました。

顔を洗うだけで、心は爽やかになります。その爽やかさを深く味わってください。

喜びの種の水やりという貴重な機会を逃さないためです。

塵を顔からぬぐい去るとき、心から苦の塵を取り去っていることに気づきます。そうして心に気づく実践の自覚がうながされるのです。

†——神秀：六祖慧能《えのう》の兄弟子で、たもとを分かち北宗禅の開祖となった。

9

歯を磨く

歯を磨き　口をすすぐ
浄《きよ》らかでやさしい言葉は
正語《しょうご》†の香りを放ち
私の心に花が咲く

†——正語：八正道のうちのひとつ。言葉についての実践。

BRUSHING YOUR TEETH

Brushing my teeth and rinsing my mouth,
I vow to use truthful and loving speech.
When my mouth is fragrant with right speech,
a flower blooms in the garden of my heart.

歯磨き粉の広告を見ると、どれにも「当社の製品で皆様の歯はピカピカに、息は爽やかになることうけあいです」と書かれています。けれど、正語の実践を欠いては本当にすてきな息は手に入りません。

ベトナムで「言葉が臭《にお》うよ」と言えば、「君の話し方にはやさしさがないし、ためにもならない。きつくて毒があるし、混乱を生むだけだ」という意味です。話す言葉によって、信頼と愛に満ちた平和と喜びの世界が生まれることも、反対に不協和音と憎しみが残ることもあります。正語とは、誠実で美しさを備えた言葉のことなのです。

一九六六年、私たちは、「相互存在教団（オーダー・オブ・インタービーイング）」という名の新しい仏教教団を創設しました。教団は、十四のマインドフルネス・トレーニング†というものを編み出しました。その第九項には、こうあります。

> 言葉が幸せや苦しみを左右することに気づき、誠実かつやさしく建設的に話すことを学びます。喜びと信頼と希望を引き出す言葉のみを使い、自分の心と、人びとのあいだに和解と平和を育てます。自分と他者の苦しみを変容

させる話しかたと聴きかたにつとめ、困難な状況から抜け出す方法を見つけだします。個人的な興味から不確かな発言をしたり、人の関心を引きつけるような話をせず、分裂や憎しみのもとになるような言葉を口にしません。人の欠点を陰で話さず、自分の見かたが正しいかどうかをたえず自問して、サンガの幸福と調和を守ります。状況を理解し変容させていこうとする言葉のみを使います。ふたしかな根拠にもとづいてうわさしたり、批判したり、攻撃したりしません。不正義が行われている状況に対しては、たとえ不利な立場になり、身の安全が脅かされようとも、最善を尽くして声をあげます。

誠実でやさしく建設的な言葉で話すことを忘れなければ、心に滋養を与え、美しい花を咲かせることができます。そのすばらしい香りを、誰にでもあげられます。

†――十四のマインドフルネス・トレーニングについては、ティク・ナット・ハン［著］／島田啓介、馬籠久美子［訳］『ティク・ナット・ハンの幸せの瞑想』（徳間書店／二〇一一年）を参照。

口をすすぐ

口をすすげば　心が洗われ
世界は花の香りに満ちる
体　言葉　心が穏やかならば
どこでも安らぎの場所になる

RINSING YOUR MOUTH

Rinsing my mouth, my heart is cleansed.
The universe is perfumed with flowers.
When actions of body, speech, and mind are at peace,
the place where I am is at peace.

これは、歯を磨くガーターに続く一編です。浄土はよそにはありません。体、言葉、心が静かなら、そこにあるのです。

日常生活では、しばしば体と心が別々になっています。体がここにあっても、心は過去にさまよい、未来ばかりを思い、怒りや憎しみ、妬み、心配に占められているのです。マインドフルな呼吸によって、心と体は寄り添い、ひとつに戻ります。それを「身心一如《しんじんいちにょ》」と呼びます。

口をすすぐことで、私たちはていねいに心を洗い清めています。それはひとつながりなのです。

鏡を見る

気づきは鏡
四つの要素を映し出す
愛を与えるハートは美しい
開かれた心もまた美しい

LOOKING IN THE MIRROR

Awareness is a mirror
reflecting the four elements.
Beauty is a heart that generates love
and a mind that is open.

日常の中で鏡に向かう時間も、深い気づきの機会に変えることができます。マインドフルネスを磨くために鏡を使えば、人を理解し愛する心の器が育つでしょう。今この瞬間に気づきを保つことのできる人は、誰でも美しく、おのずから安らぎ、喜び、幸福の輝きを放ちます。

穏やかな微笑みと慈悲の心は人を元気づけ、奇跡を花開かせます。ブッダの微笑みが美しいのは、そこに寛容と、思いやりと、慈しみがあらわれているからです。

ブッダによれば、四大要素とは地水火風のことです。ベトナムの詩人トー・フーはこう書いています。

はかない香りをもつ花は

四つの要素でできている
愛に輝くあなたの瞳も
四つの要素でできている

これらの要素は、精神的なものでも物質的なものでもありません。それはあらわれた宇宙そのものの姿です。

瞑想の気づきによって心が澄んだ鏡になれば、真実の純粋なあらわれとしての自分が見えてきます。ぜひ微笑んでください。唇だけでなく、目にも微笑みをたたえましょう。マインドフルな気づきの鏡に四つの要素を映しながら、あなたの存在まるごと微笑むのです。

お手洗いで

不潔と清潔、増と減
どちらの思いも心しだい
あらゆるものはインタービーイング
この真実にまさるものなし

USING THE TOILET

Defiled or immaculate,
increasing or decreasing—
these concepts exist only in our mind.
The reality of interbeing is unsurpassed.

いのちはつねに変化し続けるものです。どんなものでも、本質的に他の存在と依存し合っています。静かな澄み切った心で行えば、お手洗いに行くのはお香をたくのと同じく神聖な行為になります。いのちを受け入れるのは、生と死、得ることと失うこと、喜びと悲しみ、汚れと清浄をともに受け入れることなのです。

物事をありのままに見れば、見かけ上の違いで決めつけることはなくなると、般若心経[†]は説いています。

すべては「在り合って（inter-is）」います。分かれたものはない（nonduality）という真理の理解によって、私たちはあらゆる苦しみを乗り越えられます。日頃何気なく行っている習慣の中にも、このガーターを唱えることによって、般若心経の教えが生きるようになるのです。

†——般若心経の解説は、ティク・ナット・ハン［著］／馬籠久美子［訳］『ティク・ナット・ハンの般若心経』（野草社／二〇一八年）を参照。

手を洗う

水が両手を洗って流れる
大切なこの惑星《ほし》
地球をこの手で
守れますように

WASHING OUR HANDS

Water flows over these hands.
May I use them skillfully
to preserve our precious planet.

美しいこの地球は危機に瀕《ひん》しています。私たち人間は地球の資源を収奪し、川や湖や海を汚染し、人間自身も含んだ多くの生物の生活圏を破壊しています。また、森林、土壌、オゾン層、大気も台無しにしています。私たちの無智と怖れによって、人間に快適さを与えてくれるこの惑星の環境は破壊されかねません。

地球がたたえる水から、いのちが生み出されます。手のひらを流れる水をよく見てみましょう。私たちには、この美しい星、母なる地球の破壊を防ぎ、守ることのできる曇りなき智慧が備わっているでしょうか？

お風呂に入る

生ずることも滅することもなく
時と空間を超え
すばらしきダルマダートゥ†の懐《ふところ》の中で
手渡され受け継がれる私の体

†――ダルマダートゥ：法界のこと。意識の対象であるすべて。存在の世界。

BATHING

Unborn and indestructible,
beyond time and space—
Both transmission and inheritance
lie in the wonderful nature of the Dharmadhatu.

お風呂に入ったりシャワーを浴びたりするときには、自分の体を見つめて、それが両親と、さらにその両親からの贈り物であることを確認しましょう。西洋社会に暮らす人の多くは、自分の親と深く関わろうとしません。深く傷つけられた過去があるからかもしれません。しかし、深く見つめてみれば、親とのつながりを完全に断つことなど不可能だとわかります。

自分の体をすみずみまで洗いながら、体とは、意識の本性とは一体何だろう？　と深く洞察し、問いかけてみてください。「この体は誰のものなのか？　誰がこの体をくれたのか？　受け取ったものは何だろう？」と。

こうして洞察を進めていくと、三つの構成要素が存在することがわかってきます。渡す人、渡されるもの、受け取る人です。渡す人とは、両親です。私たちは両親や先祖からの継続です。渡されるものはこの体であり、受け取る人は私たちになります。

さらに洞察を深めていけば、渡す人、渡されるもの、受け取る人が一体である（等《とう》三輪空寂《さんりんくうじゃく》）と、はっきりわかるでしょう。その三者のすべてが、この体の中に存在します。今この瞬間に深く触れると、あらゆる先祖や未来の子孫のすべてが自分の中にいることが見えてくるのです。

それがわかれば、自分に、先祖に、子どもたちやその子孫たちのために、すべきことと、すべきでないことがわかってきます。

ダルマダートゥ（法界）とは、水から波が生まれるように、ダルマカーヤ（法身）を基盤にあらわれてくるすべてのものを指します。ダルマダートゥは生ずることも滅することもありません。それには前世も来世もありません。時空を超えた存在なのです。

この存在の真理が腹の底から理解できたとき、死の恐れを超越し、私たちは不要な分離意識に悩まされることはなくなるでしょう。

服を着る

服を身に着けるとき
服を作った人たちと
服の素材に感謝する
誰もが服に困りませんように

GETTING DRESSED

Putting on these clothes,
I am grateful to those who made them
and to the materials from which they were made.
I wish everyone could have enough to wear.

このガーターは、ベトナムの民謡を思い出しながら作りました。

「父は野良で働き家族が食べる米を作り、母は四季折々に着る着物を縫う」。今は、野良で働くような父親はあまりいません。食べ物は店で買ってきます。母親も家族のために縫い物をすることは少なくなりました。既製服を手に入れるからです。元の民謡にはなかった「感謝」という言葉を加えることで、ガーターの意味は膨らみました。

禅寺で僧侶たちは、食事の前に食べ物の来し方を顧《かえり》みます。皆さんも朝、服を着るときに、その服の来た道を振り返り、着るものに恵まれていない人たちがいることに思いを向けてみてください。

おじぎをする
蓮の花を一輪
ブッダとなるあなたへ

GREETING SOMEONE

A lotus for you,
a Buddha to be.

人と会ったときに、合掌しておじぎする習慣はとても美しいものです。アジアの国々に限らず世界のあらゆるところで、男性も女性も、じつに多くの人たちが、毎日このやり方であいさつを交わしています。

両手で蓮の花のつぼみを作る仕草は、とても心地が良いものです。ときおり試してみるといいでしょう。チューリップのほうがイメージしやすいなら、「チューリップを一輪、ブッダとなるあなたへ」と言ってみてください。チューリップにも、蓮と同じように仏性があるのですから。

人からお茶をいただくとき、私は必ず丁重におじぎをします。合掌して息を吸いながら「蓮の花を一輪」、頭を垂れ息を吐きながら「ブッダとなるあなたへ」と心で唱えます。手を合わせて蓮のつぼみをかたどるのは、目の前の相手に花の初々しさを捧げるためです。

かたちだけの合掌になっていないか、注意してください。あいさつする相手の存在にしっかり気づくことです。真心から敬意を払えば、その人の仏性、「目覚めの本質」に気づくはずです。

よく見つめれば、目の前の人の中にブッダが見えるはずです。いつもこうして実践していれば、自分の変化がわかるようになります。より謙虚になり、みずからの限りない可能性にも気づくことでしょう。相手の敬い方を知る人は、自分自身を尊重するすべも知っています。

おじぎをするとき、私にとってマインドフルネスは具体的なかたちになります。深い敬意が伝われば、おじぎを受け止める相手の心にも目覚めが生まれ、蓮のつぼみの合掌をしておじぎしながら、息を吸い、息を吐こうという気持ちになるかもしれません。

一回のおじぎで、合掌だけではなく心でブッダに触れ、お互いの中にマインドフルネスが生まれます。そのとたん、ふたりの仏性は輝きだし、ともに今この瞬間に触れるのです。

自分が人より優秀で、教養も知性もあると考え、無学の人を蔑《さげす》むことがあるとすれば、そんな態度は誰に対しても有害です。私たちの知識は、相対的で限界があるものです。

蘭という植物は、均整のとれた高貴な花の咲かせ方を知り、カタツムリは美しくかたちが整った殻の作り方を知っています。そのような智慧を見れば、どれほどきちんとした教育を受けようが、私たちの知識は自慢すべきものではありません。蘭やカタツムリに深く頭を垂れ、アゲハ蝶や木蓮の樹に向かって合掌すべきでしょう。あらゆる種のいのちや無生物への尊敬の念を通して、私たちは自分の中の仏性の一端に触れることができるのです。

瞑想のときに

VERSES FOR MEDITATION

呼吸をたどる

息を吸いながら体を静める
息を吐きながら微笑む
今ここにとどまる
すばらしいこの瞬間《とき》に

FOLLOWING THE BREATH

Breathing in, I calm my body.
Breathing out, I smile.
Dwelling in the present moment,
I know this is a wonderful moment.

多忙極まるこの社会の中で、呼吸を意識することは幸せそのものです。身心は静まり、意識が集中し、喜び、安らぎ、くつろぎが訪れます。座る瞑想に限らず、日常のどんな瞬間でも、意識的な呼吸は可能です。呼吸に気づきを向けながら、このガーターを唱えてみてください。

「息を吸いながら、体を静める」。一杯の冷たい水を飲むイメージをもったフレーズです。全身を浸す爽やかな冷たさを感じます。息を吸いながらこの一句を唱えれば、身心の静まりがありありと感じられるでしょう。

「息を吐きながら、微笑む」。微笑みによって顔にあるたくさんの筋肉がゆるみ、あなたはあなた自身の主《あるじ》となります。それゆえブッダや菩薩たちは、つねに微笑んでいるのです。

「今ここにとどまる」。ここに座りながら、よそのことは何も考えません。この場に座る私は、自分がいる場所を知っています。

「すばらしいこの瞬間《とき》に」。安定してくつろいで座り、呼吸し、微笑み、全《まった》き自らの本性に帰ることは喜びです。その一瞬一瞬を味わいましょう。

「もしも今、私に安らぎと喜びがなければ、いつそれがあるというのだろう？　明日それとも明後日にでも？　今ここの幸せを妨げているのは何だろう？」そう自問してみてください。

呼吸をたどりながら、唱えてみましょう。

「静まり、微笑む、今このとき、すばらしいこのとき」

瞑想の初心者にも、経験者にとっても大切な実践です。数十年の瞑想経験がある人も、同じ方法で実践しています。それほど重要なガーターなのです。

「呼吸による完全な気づきの経典*」の中でブッダは、十六通りの意識的な呼吸のエクササイズを説いています。それらを凝縮したものが、このガーターです。次頁のような要約版もあります。

息を吸いながら、息を吸っていることに気づく
息を吐きながら、息を吐いていることに気づく
吸う息は深くなり

吐く息はゆっくりとなる
吸って、静まる
吐いて、安らぐ
吸って、微笑み
吐いて、手放す
あるのは今だけ
すばらしいこの瞬間《とき》

さらにこれが、八つの言葉とふたつのフレーズにまとめられます。

吸う、吐く
深く、ゆっくり
静まる、安らぐ
微笑む、手放す

今このとき
すばらしいこのとき

座る、歩く、立つ、それ以外のどんな動作でも、まったく気負わずに行える実践です。

まず最初に、「吸う、吐く」。息を吸いながら、心の中で「吸っている」と唱えます。それによって、息を吸っているという事実への気づきを培います。息を吐くときには、吐いていることに気づきながら「吐いている」と念じましょう。

ひと言ずつが、今の瞬間の呼吸に戻るよう導いてくれます。穏やかで安定した集中が感じられるまで「吸っている、吐いている」を続けましょう。楽しみながらの実践がもっとも重要なポイントです。

次に吸うときに「深く」と唱え、吐くときに「ゆっくり」です。意識的な呼吸をしていると、呼吸そのものが深くゆっくりと変わります。特別な努力なしに、呼吸が深くゆったりとして、安らぎと喜びが深まることに気づくだけでいいのです。

そうして「深く、ゆっくり、深く、ゆっくり」と繰り返し、気持ちが向いてきたら「静まり、安らぐ」に移ります。

「静まる」という言葉は、経典中のエクササイズにもとづいています。「息を吸いながら、全身の活動を静め安らかにする。息を吐きながら、全身の活動を静め安らかにする」。ここでの「身」は「心」と同じです。この実践では、体と心がひとつになるからです。

息を吐くとともに「安らぐ」と唱えます。安らぐとは、何の制限もない解放された感覚です。その一瞬は、呼吸するため、呼吸を楽しむためだけにあります。軽やかで自由に、くつろいでいます。この瞬間に呼吸以外に大切なことはないと知り、この瞑想を純粋に楽しんで行います。ここでの安らぎ（軽安《きょうあん》†）は、仏教の目覚めの七つの要因（七覚支†）のうちのひとつです。

「静まり、安らぐ」が十分できたのちに、「微笑む、手放す」に進みます。息を吸いながら喜びがはっきりと感じられなくても、微笑むことはできます。それでも心配はいりません。呼吸の実践そのものに、喜びや安らぎがすでに存在しているのですから。

微笑むことでその喜びと安らぎはより安定し、緊張は消えます。それは「口のヨガ」とも言えます。それによってすべての人に微笑むのです。

最後に息を吐きながら、「手放す」と唱えます。

＊――呼吸による完全な気づきの経典：経典とその解説については、ティク・ナット・ハン［著］／島田啓介［訳］『ブッダの〈呼吸〉の瞑想』（野草社／二〇一二年）を参照。パーリ経典としての名称は、アーナーパーナサティ・スッタ。

†――軽安：呼吸の気づきを説いたアーナーパーナサティ・スッタの七覚支に触れた部分では、「瞑想する者が気を散らすことなく喜びの状態にとどまるとき、身心は軽く、安らぎに満たされる」とある。

†――七覚支：悟りのための七つの要因として、念覚支、択法覚支、精進覚支、喜覚支、軽安覚支、定覚支、捨覚支がある。

朝の瞑想

ダルマカーヤが朝の光を連れてくる
静かに座れば心は安らぎ
微笑みが浮かぶ
新しい一日を目覚めて生きよう
智慧の太陽がすべてを照らしてゆく

MORNING MEDITATION

The Dharmakaya is bringing morning light.
Sitting still, my heart is at peace.
I smile.
This is a new day.
I vow to go through it in awareness.
The sun of wisdom will shine everywhere.

マインドフルネスと集中があれば、舞い散る落ち葉、開く花、飛んでいく鳥、鳥のさえずりなど、日常で見聞きする物事すべてが法話に変わります。これをブッダの法の体であるダルマカーヤ、法身と呼びます。それらを通じて絶え間なく法が説かれているのです。

気分がすっきりとして気づきが働いているとき、私たちは法身に触れ、一瞬ごとに説かれている法を聴くことができます。わざわざオーディオのスイッチを入れたりインターネットにつながなくても、法話は聴けるのだということがわかるでしょう。法話は、いつでも耳にできるのです。

靴をそろえる

靴をそろえながら祈る
すべて人の歩みがいつも
マインドフルでありますように
行きも帰りも解き放たれて

PLACING YOUR SHOES

Placing my shoes neatly,
may everyone's steps
always be mindful,
coming in and going out in freedom.

建物や部屋から出ていく、入ってくる。「行きも帰りも解き放たれて」は、ふだんのそんな場面で使えます。誕生と死についても同じです。どちらもそこを通って出入りする扉と言えるでしょう。

私たちは、自他ともに誕生と死の束縛から自由になることを望みます。そうすれば、死んであの世に行くことが解放の旅となり、新たな生につながるからです。

瞑想室に入る

瞑想の部屋に入り
本来の私に出会う
座るときには
すべての心の乱れを断ち切ろう

ENTERING THE MEDITATION ROOM

Entering the meditation room,
I see my true self.
As I sit down,
I vow to cut off all disturbances.

それぞれの家庭に「呼吸の部屋」があればすてきだと思います。寝室、ダイニングなど、家にはたくさんの部屋があります。呼吸の部屋があっても不思議ではありませんね。自分自身に戻らねばというときには、いつでもその簡素な部屋に行き、静かに座って呼吸を観察するのです。

意識的な呼吸の重要性は言うまでもありません。独立した部屋が用意できなくても、短時間でも呼吸をしながら瞑想するための静かな場所が確保できれば、そこがあなたの瞑想室です。

このガーターのベトナム語版では、「心の乱れ」にあたる言葉は「沈淪《チャンルン》」です。それは、忘却、不安、苦しみの海の中に沈み、翻弄《ほんろう》されるという意味です。瞑想室に入るときには、解放を成し遂げるというみずからの誓願を思い出しましょう。今という瞬間にとどまれば、私たちの歩みは完全な解放につながり、安らぎと心の安定が同時に訪れるのです。

ろうそくに火をともす

ろうそくに火をともし
無数のブッダに光を捧げる
私の心の安らぎと喜びは
大地の面《おもて》を明るく照らす

LIGHTING A CANDLE

Lighting this candle,
offering the light to countless Buddhas,
the peace and joy I feel
brighten the face of the earth.

アジアの多くの国では、仏壇や社《やしろ》に供え物をする習慣があります。私たちもふだん、花束、器に盛った果物、ろうそく、お香を捧げます。気づきをもってマインドフルにろうそくに火をともせば、無智と乱れた心の曇りは自然に晴れ、大地そのものが輝きだします。

ブッダの生涯を描いた仏伝に、光を捧げる行為の意味深さを伝える一節があります。ある日のこと、シュラヴァスティ†の町の住民たちが、ブッダを讃《たた》えるために祇園精舎のまわりに無数のランプをともしました。

ある物乞いの老女も何かを捧げようとしましたが、一日歩いてもわずかな銭しか手に入りません。そこで小銭で少々の油を買い、ランプのひとつに注ぎ足しました。

翌朝、摩訶目犍連《まかもっけんれん》†尊者は、外に出てランプの火を吹き消して回りました。火はことごとく消えましたが、物乞いの老女が油を注いだランプだけは残りました。強く吹き消そうとすればするほど、その火は明るく燃え上がります。

マインドフルネスをもって捧げるろうそくは、そのむかし、物乞いの老女がブッダに捧げた灯火にほかなりません。

このガーターは、禅堂でろうそくに火をつけるためのものですが、人権のために夜通し祈る集会で、嵐の夜に、どこでも火をともすとき唱えることができます。それだけでなく、電気のスイッチを入れるときにも使えるのです。

†――シュラヴァスティ：コーサラ国の首都で、寄進された森の中には、ブッダと弟子たちが長期にわたって滞在し修行した僧院（祇園精舎）があった。

†――摩訶目犍連：ブッダの弟子中で、神通第一と言われたモッガラーナ尊者の漢名。

香を捧げる

感謝をもって香《こう》を捧げます
あまねく時空の
すべてのブッダと菩薩へと
この香が大地の薫《かお》りとひとつになって
私たちの丹念な励みと
もてるすべての気づきの心
ゆっくりと熟れゆく理解の果実を
運んでゆきますように
私たちと生けるすべてのものが
ブッダと菩薩の友となり
心のまどろみから目覚め
本当の家へと帰れますように

OFFERING INCENSE

In gratitude, we offer this incense
to all Buddhas and bodhisattvas
throughout space and time.
May it be fragrant as Earth herself,
reflecting our careful efforts,
our wholehearted awareness,
and the fruit of understanding, slowly ripening.
May we and all beings be companions
of Buddhas and bodhisattvas.
May we awaken from forgetfulness
and realize our true home.

ベトナムの寺院では、このガーターを、ひとりで香を捧げるときには心の中で、大勢の人が参列する儀式では声を上げて唱えます。唱えながら、芳《かぐわ》しい煙が空に立ち昇り、五色の雲に変じる様子をイメージします。

これは、時空を超えたすべてのブッダへの、戒、定、慧、解脱、解脱知見《げだつちけん》†の五つの薫り（五分法身香《ごぶんほっしんこう》†）の奉納を意味します。これは「心の芳香」とも言われ、店では手に入れることのできない、日々私たちが味わうことのできる喜びなのです。

お香を捧げるときには、すべての生き物とともに、気づきの不在なる世界から目覚めの世界へと戻ることを誓います。気づきがないのは、マインドフルネスの欠如です。目覚めこそが、真の自由なのです。

†——解脱知見：自分が解脱したことを知り、自覚すること。

†——五分法身香：如来を構成する五つの要素を五分法身という。それらを香に例えたもの。仏教の核心である三学と解脱をひとまとめにしている。

ブッダを讃える

蓮の花の爽やかさと
北極星の輝きを備えた
ブッダに帰依します

PRAISING THE BUDDHA

As refreshing as a lotus flower,
as bright as the North Star,
to the Buddha I go for refuge

禅宗には、師であるブッダの像の前に合掌し、慈悲と智慧の果実であるその美しさを讃える習わしがあります。爽やかで清浄な蓮の花は、慈悲にたとえられます。北極星は旅人の道標《みちしるべ》であり、智慧の象徴です。ブッダに帰依することは、智慧と慈悲に庇《ひ》護《ご》を求めることなのです。

仏教では、人びとが守られ、避難することのできる場所が三つあります。ブッダ（仏：目覚めた存在）、ダルマ（法：ブッダの教え）、そしてサンガ（僧：精神的な道行きの途上で導き支えてくれる友人たち）です。これらが仏教で三宝と呼ばれるのは、私たちの精神的な財産、遺産であり、つねに支えと庇護を与えてくれる要素だからなのです。

座る瞑想

今ここに座るのは
あの菩提樹のもとに座ること
私の体は気づきとひとつ
まどろみから解き放たれて
穏やかにくつろいでいる

SITTING DOWN

Sitting here is like sitting under
the Bodhi tree.
My body is mindfulness itself,
calm and at ease,
free from all distraction.

ブッダは現在「インド菩提樹†」と呼ばれている樹の根元に座ったのちに、完全な悟りを開きました。「菩提」とは、目覚め、解放を意味します。

ブッダが悟りを開いた場所は今ではブッダ・ガヤーと呼ばれ、成道を記念する大きな寺院が建立されています。そこには、ブッダの時代にあった樹の孫にあたる菩提樹が青々と茂っています。

瞑想用の座布や椅子の前では、合掌し腰をこころもち傾けて拝礼しながら、このガーターを唱えます。それから、ゆっくり、ていねいに座ります。座布に腰を下ろすときに、今この瞬間に完全に気づく意志があれば、私たちの座る瞑想はブッダの目覚めの心に連なります。

瞑想は、ただ静かに座るだけの受け身の行為ではありません。気づきの心で座り、散漫さを手放し、集中によって曇りなき智慧を発揮することなのです。

†――インド菩提樹：日本でよく見られるボダイジュは中国原産のシナノキ科の落葉樹であり、クワ科のインド菩提樹（Ficus religiosa）とは、まったく別の樹である。

鐘を招く

体、言葉、心†をひとつに
鐘の音とともにこの心を送り出す
この音を聴く人がみな心の眠りから覚め
不安や悲しみを乗り越えていけるように

†——体、言葉、心：身口意の三業

INVITING THE BELL

Body, speech, and mind in perfect oneness—
I send my heart along with the sound of the bell.
May the hearers awaken from forgetfulness
and transcend all anxiety and sorrow.

仏教の道場では、お椀のかたちをした鐘によって聴く人をマインドフルネスに招き、一日の区切り目を知らせる習慣があります。鐘の前に立つか腰を下ろすかして合掌し、三回呼吸し、このガーターを唱えます。片手にりん棒をもち、小さな鐘ならそれをもう一方の手のひらに乗せます。そうして、手と棒の配置に気づきを向けます。まず最初に、りん棒で鐘の縁にそっと触れ、「鐘を目覚めさせ」ます。この小さな音が、聴く人たちに大きな音の前触れを知らせるのです。

鐘の音は私たちに、今この瞬間の呼吸に戻ることを思い出させてくれます。その音が聞こえたら、おしゃべりも考えることもやめて、三回呼吸に意識を向けます。鐘の招き役†が、まず自分自身を静めることが重要なポイントです。招き役の体、言葉、心が静まり、調和がそこにあれば、鐘の音は安定して、美しく、喜びをたたえます。それを耳にした者は、今この瞬間に目覚め、あらゆる不安と悲しみを乗り越えることができるでしょう。

†――鐘の招き役：鐘の音は、今ここに気づかせてくれる「ブッダの呼び声」だとティク・ナット・ハンは言う。それゆえ、「招く」と表現し、「招き役」という呼称が使われる。

26

鐘に耳を澄ます

この鐘の音が
宇宙の奥まで響き渡り
無明《むみょう》の深い闇に棲《す》む
生けるものたちに届きますように
その心が智慧の光に照らされて
生死の世界を超えていけますように

LISTENING TO THE BELL

May the sound of this bell
penetrate deeply into the cosmos.
In even the darkest places,
may living beings hear it clearly
so that understanding may light up their hearts
and, without hardship, they may transcend
the realms of birth and death.

瞑想の働きは、人を生と死の本性に目覚めさせることです。そうすれば、もう、生死に惑わされることはありません。歴史的次元（日常・俗世）には、出生証明書と死亡診断書があります。これが波の世界です。波には始まりと終わりがありますが、そうした性質は水とは相容《あいい》れません。

水の世界には、生と死がなく、存在も非存在もなく、始まりも終わりもありません。水に触れるとき、私たちは究極の次元（涅槃・絶対的世界）のリアリティに出会い、すべての概念から自由になるのです。

一輪の花の中には全宇宙があります。花は、土、鉱物、種、太陽光、雨、そのほかの多くのものからあらわれます。瞑想によって私たちは、あらゆる存在の相互依存性

（インタービーイング）、生死を超えた本性を目の当たりにするのです。

いのちは継続です。枯れ葉は地に落ち、湿った土に溶け込みます。そして次の春に、木の梢《こずえ》に別の姿であらわれる準備を整えるのです。みんな生まれ、死ぬふりをしているだけです。

私たちが「死ぬ日」と言っているのは、私たちがさまざまな姿で継続する日です。愛する人と究極の次元で出会えば、その人が亡くなってもあなたから離れることはありません。深く見つめてみましょう。その人たちがあなたに微笑んでいるのが見えるはずです。

解き放つ

鐘の音を聴けば
苦悩は残らず解き放たれる
心は静まり
悲しみは消え去る
もう何にも縛られない
私は自分の苦しみと人の苦しみに
耳を傾ける者になる
心の中の理解の芽生えが
思いやりを連れてくる

LETTING GO

Hearing the bell,
I am able to let go of all afflictions.
My heart is calm,
my sorrows ended.
I am no longer bound to anything.
I learn to listen to my suffering
and the suffering of the other person.
When understanding is born in me,
compassion is also born.

日常の中には、私たちが執着におちいる落とし穴がたくさん仕掛けられています。だから苦しみが続くのです。執着を手放す具体的な方法を知ることができれば、幸福はすぐにやってきます。不安や心配は、人生の数々の奇跡から私たちを切り離してしまいます。

本当に大切なことは何か、人に気づかせてもらった覚えが誰にもあるでしょう。それは、友人や先生だったかもしれません。鐘の音もきっかけのひとつです。音があなたを今ここに連れ戻し、目前の現実をよりはっきりと認識させるのです。そうすれば、不安や渇望や心配などを手放し、今ここにつねにある人生の奇跡と出会うことができるでしょう。

それだけでなく、人の心の苦しみを見抜けるようにもなります。呼吸をていねいにたどりながら、マインドフルに見つめるとき、相手の苦しみに触れてあなたの心に慈悲のエネルギーが生まれるのです。人の体や心の苦しみがはっきりと見えると、理解に裏打ちされた思いやりの心が生まれてきます。思いやりと理解（慈悲と智慧）は、互いを生み出し、互いを支え合っているのです。

人から受け入れがたいような言葉や行為を向けられても、私たちは慈悲によって意志と行動をあらわすべきです。相手が謝るからとか憎めないからという理由とは無関係に、自分は愛するのだと、はっきりと理解できるまでこの実践は続きます。それによって初めて、自分の慈悲心が揺るぎなく真実であるとわかるのです。

姿勢を整える

感情は風吹く空の雲のよう
やってきては去ってゆく
気づきの呼吸は
心の錨《いかり》

ADJUSTING YOUR POSTURE

Feelings come and go
like clouds in a windy sky.
Conscious breathing
is my anchor.

座る瞑想の最中に、脚がしびれたり痛みだしたりして集中が難しくなったら、遠慮せずに姿勢を変えてください。痛みが強い場合には、立ち上がってゆっくりとマインドフルに歩きましょう。痛みがやわらいだら、座り直します。

仏教心理学を説くアビダルマ†の文献では、私たちの感覚を、快・不快・中性（楽・苦・不苦不楽）の三種類に分けています。しかし気づきが行き渡れば、中性の感覚も快い感覚に変容し、初めから快が存在した状態に比べて、より安定して永続する可能性があるのですから、この分類は必ずしも当たりません。

おいしいものを食べたり褒《ほ》め言葉を聞いたりすると、多くの場合心には快が生じます。腹が立ったり歯痛がしたりするのは不快です。この三つの感覚に翻弄されるふだんの私たちは、まるで風に吹かれる雲のようです。ここで言う中性の感覚がどうやって生まれるのかを理解すれば、安らぎや喜びはより安定し、長続きするでしょう。幸福の基盤になるのは、苦痛のない肉体であり、不安、怖れ、憎しみなどにとらわれない思考と感情です。

座る瞑想によって私たちは安定した喜びを味わい、体の静けさと明晰な意識を手に入れます。さまざまな「煩悩」に翻弄されることはなくなり、健やかな気持ちに満たされるのです。

座る瞑想の目的は、静けさと、安らぎと、喜びを確かなものにすることです。船が流れないようつなぐ錨のように、意識的な呼吸はこの瞬間に気づきをとどめ、つねに私たちを本来の自分に触れさせるのです。

安らぎと喜びの基盤は、それらがいつでも手に入ると気づくことです。

†――アビダルマ：阿毘達磨。仏説に解釈や注釈を加えたもので、まとめて論蔵と呼ぶ。

瞑想室を掃除する

すがすがしく静かな部屋を
掃除すれば
かぎりなく湧きいずる
喜びと生命《いのち》の力

CLEANING THE MEDITATION ROOM

As I clean
this fresh, calm room,
boundless joy
and energy arise!

瞑想室を整えるのは喜ばしいひとときです。すがすがしく静まった空気の中で、あらゆるものが私たちを今この瞬間に導きます。ほうきはひと掃きごとに軽やかで、一歩一歩が気づきに満たされます。

座布を並べていると、心が静まります。安らぎと喜びを胸にくつろいで歩めば、活力が湧いてきます。なすことすべてが、この安らぎと喜びに浸されていくのです。

歩く瞑想

心はさまよう　あらゆるほうへと
けれど私は　うるわしきこの小道を
安らいで歩もう
一歩ごとに　そよ風が吹き
一歩ごとに　花がほころぶ

WALKING MEDITATION

The mind can go in a thousand directions,
but on this beautiful path, I walk in peace.
With each step, a gentle wind blows.
With each step, a flower blooms.

歩く瞑想の目的は、歩みそのものを深く楽しむことです。どこかへ着くためではなく、ただ歩むためにに。目指すのは、今この瞬間に存在し、一歩一歩を楽しむことです。そのために、あらゆる心配や不安を手放し、先のことは考えず、過ぎたことも考えず、今という瞬間をひたすら楽しみます。子どもの手を取って、まるで地上で一番幸せな人のように歩むこともできます。

私たちのふだんの歩みは、歩くというより走っていると言ったほうがいいかもしれません。忙《せわ》しない歩みは、大地に不安や悲しみを刻みつけます。最初の一歩に安らぎがあれば、二、三、四歩、そして五歩目までまるごと、人類の平和と幸福のためになるはずです。

心は、猿が落ち着きなく枝々のあいだを飛ぶように、あちらこちらへ動いてばかりいます。思考には何百万もの回路がありますが、私たちはその中を延々と引きずり回され、意識のまどろみの中に閉じ込められています。私たちの歩む道を瞑想の道に変えることができれば、一歩一歩は明晰な気づきに満たされるでしょう。

呼吸は歩みと調和し、心はおのずからくつろぎます。そのとき歩みの一歩一歩は、心の安らぎと喜びを確かなものにし、そこから生まれた穏やかなエネルギーの流れが全身を洗います。それに合わせて、「一歩ごとにそよ風が吹く」と唱えます。

芸術家たちはしばしば、安らぎと幸福に満たされたブッダの境地を、蓮の花の上に座る姿で表現しました。彼らはまた、生まれたばかりのブッダの足跡から、蓮の花が開いていく様子を描写しています。私たちもまた、不安を手放し安らぎと喜びのうちに歩めば、一歩ごとに大地に花を咲かせることができるのです。

マインドフルに食べる

VERSES FOR EATING MINDFULLY

野菜を洗う

とれたての野菜の中に
緑の太陽が見える
万法《ばんぽう》に支えられる
このいのち

WASHING VEGETABLES

In these fresh vegetables
I see a green sun.
All dharmas join together
to make life possible.

最初の二行は、「両腕からこぼれる詩、太陽光の滴」*という自作の詩から取りました。事実、野菜だけではなく、太陽は緑色をしています。というのも、葉の緑色は、太陽がなければ生まれないからです。太陽なしでは、どんな生き物も生きることはできません。

葉は、その表面に照りつける光を吸収します。そして太陽のエネルギーを蓄積し、植物に欠かせない栄養素を作る炭素を空中から取り出します。

ですから、新鮮な野菜を見る私たちの目には、そこに緑色をした太陽も見えるのです。太陽だけでなく、数え切れないほどの現象も見えます。空に雲がなければ雨もありませんね。水がなければ、空気や、土や、それから野菜もありません。野菜は、遠くや近くの多くの条件が集まってできているのです。

このガーターの中の「万法」とは、現象《ダルマ》を指します。日常の中でどんなことであれ――野菜を洗うときに限らず――あることを体験するときには、それを「縁起《えんぎ》（関わり合いながら生まれる現象）」の瞑想として取り組むことができます。「因縁生起《いんねんしょうき》」と訳されているサンスクリット語の「プラティーティヤサムトパーダ」とは、現象は他のすべてのものと関わりながら存在しているという意味です。いのちは、万法（すべての現象・ダルマ）が集まって成り立っているのです。

*――ティク・ナット・ハン［著］／島田啓介［訳］『ティク・ナット・ハン詩集　私を本当の名前で呼んでください』（野草社／二〇一九年）三〇五ページ参照。

空の器を見つめる

今は空《から》のこの器
大事な食べ物を待っている
生き物はみな生きることに懸命
食べ物に不自由しないことは大きな恵み

LOOKING AT
YOUR EMPTY BOWL

My bowl, empty now,
will soon be filled with precious food.
Beings all over the earth are struggling to live.
How fortunate we are to have enough to eat.

この世界には、空の器を前にしながら、当分食べ物なしで暮らす現実を認めざるをえない人たちが大勢います。ですから空の器は、満たされた器と同じく尊重されるべきものなのです。食べる物があることに感謝しながら、このガーターを唱え、何らかの方法で飢えが満たされない人たちの力になることを誓います。

食事を用意する

この食べ物に目をやれば
宇宙のすべてがそこにある
だからこそ
私は今ここにいる

SERVING FOOD

In this food
I see clearly
the presence of the entire universe
supporting my existence.

このガーターは、私たちのいのちとすべてのいのちが関わり合っているという、縁起（インタービーイング）の法則を思い出させてくれます。

食事は大変奥の深い瞑想です。食事の準備をしたり、配膳されるのを待ったりするあいだ、食べ物を見つめて微笑みましょう。ひと口ごとの食べ物は、すべて宇宙からの使者です。そこには、太陽光、雲、空、大地、農夫、そのほかのすべてが含まれます。食事のひと噛みは、ブッダから与えられた食べ物なのです。

パンやニンジンをよく見つめ、深く触れましょう。食事中にひと切れのニンジンを取り上げても、すぐには口に放り込みません。よく見つめて微笑んでください。あなたがマインドフルなら、深く見つめればそこには太陽が、雲が、大いなる大地、あふれる愛、大変な努力の数々があらわれてくるでしょう。

ニンジンの存在をはっきりと認めることができたら、口に運びマインドフルに噛みましょう。先のことや心配事ではなく、ただニンジンだけを集中して噛みます。食べることを楽しんでください。ひと切れのニンジンは奇跡です。そしてあなたも奇跡なのです。

食べ物と過ごす時間を大切にしましょう。その一瞬一瞬を、幸せの時間にしてくださ い。座って食事を楽しむ時間やそうした機会がもてる人は、それほど多くありません。私たちは、とても恵まれているのです。

食事を見つめて
香り高くおいしそうな
この食べ物の中にも
苦しみが見える

LOOKING AT YOUR PLATE

This plate of food,
so fragrant and appetizing,
also contains much suffering.

このガーターは、ベトナムの民謡をヒントにしています。良い香りのおいしそうな食事を見るときにも、飢えに苦しむ人たちの痛みに気づいてください。毎日、何千人もの子どもたちが、飢えと栄養失調で亡くなっています。お皿を見つめると、母なる大地が、農夫たちが、食物分配の不平等がもたらす悲劇が見えてくるのです。

北アメリカやヨーロッパなどに住む人たちは、他の国々から輸入された食べ物を口にすることが当たり前になっています。コロンビアのコーヒー、ガーナのチョコレート、タイの香り米などです。

そうした国々の子どもたちの多くは、富裕層の子女を除いて、利潤を生み出す輸出用として備蓄された高級な食品類を目にすることさえありません。最貧困層の、食べることに困窮する親たちの中には、食べ物に不自由しない家庭の召使いとして子どもを売らざるをえない人もいます。

食事の際にはマインドフルに合掌し、食べ物が不足している人たちに思いを馳《は》せましょう。ゆっくりとマインドフルに、三回呼吸してからこのガーターを唱えます。それによって、マインドフルネスが保たれるのです。

私たちがもっと簡素に生活する道を見出し、さらに多くの時間とエネルギーを、世界中の不平等なシステムを変えていくことに注げますように。

食前の五つの祈り

この食べ物は、大地、空、たくさんの生きものたち、多くの努力と愛ある働きの恵みです。この食べ物を受けるにふさわしいよう、マインドフルに感謝して食べられますように。むさぼりなどの不健全な心の作用に気づいて、変容させ、節度をもって食べられますように。命あるものの苦しみをやわらげ、気候の変動に加担せず、大切な地球を癒し守るような食べ方を通して、慈悲の心を生かせますように。友情をはぐくみ、サンガを作り、すべての生きものにつくす心を養うために、この食べ物をいただきます。

THE FIVE CONTEMPLATIONS

This food is the gift of the earth, the sky, numerous
living beings, and much hard and loving work.
May we eat with mindfulness and gratitude so as to be
worthy to receive this food.
May we recognize and transform unwholesome mental
formations, especially our greed, and learn to eat
with moderation.
May we keep our compassion alive by eating in such a
way that reduces the suffering of living beings, stops
contributing to climate change, and heals and
preserves our precious planet.
We accept this food so that we may nourish our
brotherhood and sisterhood,
build our Sangha, and realize
our ideal of serving all living beings.

最初の祈りでは、食べ物が大地や空から直接やってきたことに気づきます。食べ物は大地や空だけではなく、準備してくれた人たちからの贈り物でもあります。

二番目の祈りでは、自分が目の前の食べ物を受けるにふさわしいかどうか振り返ります。それは、料理の存在にしっかりと気づき、感謝しながらいただくという、マインドフルネスにかかっています。

先行きや過去の心配や怖れや怒りに、飲み込まれてしまってはいけません。食べ物が私たちのために用意されたのですから、私たちも食べ物にちゃんと向かい合うことが公平でしょう。マインドフルに食べてこそ、あなたは大地や空にふさわしい存在になります。

第三の祈りは、自分の中のネガティブな性向に気づき、それに振り回されぬよう気をつけることです。節度をもって食事をすること、自分にとっての適量をいただくことを身につけなければなりません。

僧や尼僧が使う食器を応量器《おうりょうき》（適量を盛る器）といいます。何より、食べすぎないことが肝心です。ゆっくりと、じっくり噛みしめながら食べれば、栄養を十分取り入れることができます。適量とは、私たちが健康でいられるためにぴったりの量を指すのです。

第四の祈りは、私たちの食べ方や食べ物の生産にかかわるものです。場合によってそれが、私たちの体、人間以外の生き物、この地球への暴力になりかねません。また食べ物を育て、分配し、摂取することを通じて、多くの存在を癒すこともできます。それは、毎回の食事をする私たちの選択にかかっています。

第五の祈りは、食事をいただく目的に気づくことです。私たちが生きていることには意味があるはずです。それは人びとを苦しみから解放し、彼らが人生の喜びに触れられるよう力を尽くすことでしょう。心に慈悲が起こり、他者の苦しみをやわらげるみずからの能力を自覚するとき、人生の意味はより深まります。

私たちに欠かせない目の前の食べ物は、大いなる喜びも授けてくれます。たったひとりの人間に、多くの生き物を助ける力が備わっています。どこにいても、それは実行できるのです。

食事をいただく

初めのひと口で
やさしさが生まれる
二口目で
苦しみはやわらぐ
三口目で
生きる喜びを感じる
四口目で
こだわりを手放す

†――ベトナム語原文にもとづき、訳を簡略化。

BEGINNING TO EAT

With the first mouthful, I practice the love that brings joy.
With the second mouthful,
I practice the love that relieves suffering.
With the third mouthful, I practice the joy of being alive.
With the fourth mouthful,
I practice equal love for all beings.

このガーターは、仏教の四無量心《しむりょうしん》――慈（やさしさ）、悲（思いやり）、喜（喜びへの共感）、捨（無執着）をあらわしたものです。四梵住《しぼんじゅう》ともいうそれは、多くのブッダや菩薩が住む家とも呼ばれています。

最初のひと口を噛むあいだに、少なくとも誰かひとりにやさしくしようと心に誓い、感謝をあらわします。二口目で、少なくともひとりの相手の苦しみを減らすことを誓います。三口目で生きることの奇跡に触れ、四口目で無分別の特徴である受容と慈愛の実践をします。そうして初めて、食べ物に本当に出会い、その深い本性を味わうのです。

食事は工夫しだいでいくらでも味わい深くなるものです。私は、何かをひと切れ取り上げると、口に入れる前によく見つめるようにしています。私がしっかりと今ここに存在していれば、それがニンジンか、インゲン豆か、パンなのかがすぐにわかります。

私はそれに微笑みを投げかけ、口に入れ、食べているものにくまなく気づきながら、よく噛みます。いのちが生かされ、喜び、安定、無畏《むい》（怖れのなさ）が実現するよう食事をいただきます。

そうして二十分も食べていると、身も心もすっかり満ち足りた気持ちになるのです。とても深い実践です。

食事を終える

食器は空《から》になり
空腹は満たされた
生きとし生けるものの幸せのため
このいのちを活かせますように

FINISHING YOUR MEAL

My bowl is empty.
My hunger is satisfied.
I vow to live
for the benefit of all beings.

食べ終わっても、焦って次の用事に取りかかる必要はありません。食べたばかりの食事と、その機会を可能にしてくれたすべてに感謝する時間をもちましょう。

このガーターからは、いのちを授けてくれた両親、道を示してくれた恩師たち、学びを支え、困難のさなか助けてくれた友人たち、そして植物、動物、鉱物など、私たちを生かし、豊かにしてくれるすべての生物・無生物たちへの四つの感謝——四恩《しおん》†が思い浮かびます。

食前に感謝を述べてから食事をすることは、よくあります。しかしここでは、食べる前と同じく、満腹になったことに対しても感謝します。私たちが安らいで幸せに生きることは、最良の感謝の表現であり、社会や次世代へ手渡せる最高の贈り物です。私たちの食べ方は、まわりに対する格好の見本になります。

子どもたちに必要なのはお金ではなく、私たちが幸福であることです。お互いに幸せに生きる道がわかれば、子どもたちは大人を見て学びます。それが、彼らに手渡す最高の遺産になるのです。

†——大乗仏教では通常、父母、衆生《しゅじょう》（あらゆる存在）、国王、三宝を四恩と呼び、ここでの説明とは若干違っている。

お 皿 を 洗 う

お皿を洗うのは
赤ちゃんブッダの湯浴《ゆあ》みと同じ
日常そのまま聖なる行為
ふだんの心がブッダの心

WASHING THE DISHES

Washing the dishes
is like bathing a baby Buddha.
The profane is the sacred.
Everyday mind is Buddha mind.

取りかかる前に限って、皿洗いなんてつまらないと思いがちです。しかし、いったん腕まくりをして流しの前に立ち、お湯に両手を浸せば、けっこう楽しい気持ちになるものです。

私は、お皿と、水と、両手の動きによく気づきながら、一枚一枚ゆっくり楽しみながら洗います。さっさと終わらせて甘いものでも食べようと考えれば、その時間が苦痛になることはわかっています。お皿という物とそれを洗う私の存在がどちらも奇跡であると思えば、その機会を逃すのはもったいないでしょう！

思考や動作の一つひとつが気づきの光の中に置かれたとき、どれも神聖なものになります。その光の中では、聖と俗の境界は消え去ります。皿洗いには多少時間がかかるかもしれませんが、それによって、どの一瞬も精一杯幸せに生きることができます。

お皿を洗うことは、この場合、手段であり目的です。つまり、お皿をきれいにする目的で洗うにとどまらず、ただ洗うためだけに洗い、洗いながら一瞬一瞬を生き切るのです。

皿洗いを楽しむことなく、急いで片づけてデザートとお茶に飛びつこうとするなら、ほかの何であれ楽しむことはできないでしょう。手の中に湯呑みがあるのに、次は何をしようかと考えていれば、お茶の香りも味わいも、いただく楽しみと一緒に失われます。

いつもそうして先行きに気をとられていたら、今ここに生きることは決してかないません。皿洗いの時間は、座る瞑想や歩く瞑想と同じく重要です。だからこそ、ふだんの心がブッダの心なのです。

お茶を飲む

気づきに満ちる
両手で包んだ一杯のお茶
心と体はひとつとなって
今ここに

DRINKING TEA

This cup of tea in my two hands,
mindfulness held perfectly.
My mind and body dwell
in the very here and now.

職場、喫茶店、自宅——どこでお茶を飲むにつけても、たっぷり時間をかけて楽しむことが一番です。両手でお茶のカップを包み込み、呼吸に意識を向け、声に出して、または心の中でこのガーターを唱えます。寒いときなら、手のひらにお茶の温かみが感じられるでしょう。

息を吸いながら最初の一行を唱え、吐きながら次の行を唱えます。さらに吸いながら三行目を、吐きながら四行目を唱えます。こうしてマインドフルに呼吸しながら、私たちは自分自身を取り戻し、一杯のお茶はもっとも高貴なその本質を輝かせます。マインドフルネスがなければ、お茶どころか幻想や苦しみを飲んでいることになるでしょう。

心と体が一体となり、目覚めていれば、私たちは自分を取り戻し、お茶に出会うことができます。お茶は確かにお茶になり、私たちも確かな自分になります。本当に深くお茶に出会うことができれば、そのとき、私たちはまぎれもなく生きているのです。お茶を飲むときには、今お茶を飲んでいるということにしっかりと気づきます。その瞬間、お茶を飲むことが人生でもっとも重要になります。これが、マインドフルネスの実践なのです。

マインドフルに食事すること

数年前のあるとき、子どもたちに聞いたことがあります。「朝ごはんを食べるのは、どうしてだろう？」

ある男の子は「一日のエネルギーが必要だから」と言い、ほかの子は「朝ごはんを食べるのは、朝ごはんを食べるため」と答えました。私は、あとの子のほうが正解に近いと思います。私たちは、食べるために食べるのです。

マインドフルな食事は重要な実践です。テレビを消して、新聞を置き、しばらくの間協力し合って、食事の用意のためにすべきことをします。本当に幸せな時間になるでしょう。

テーブルに料理がそろい、皆が腰を下ろしたら（座るときのガーターを思い出してください）、一緒に三回、呼吸の実践をします。「息を吸いながら、体を静める。息を吐きながら、微笑む」。こうして三回続ければ、完全に自分に立ち戻れます。

続けて息を吸い、息を吐きながら、一人ひとりと顔を見合わせ、自分自身とつながり、テーブルに座った全員とつながります。相手を見つめるために二時間も必要ありません。しっかりと自分に収まれば、人と出会うのに一、二秒もあれば十分です。五人家族なら、この「見つめて出会う」実践に、せいぜい五秒から十秒もあれば足りると思います。

呼吸したら、微笑みましょう。友情と理解をあらわす真の微笑みを交わすために、テーブルを囲むのはまたとない機会です。とても簡単なことなのに、そうする人はほとんどいません。

これは私にとって一番大事な実践です。一人ひとりを見つめて微笑みを送ります。呼吸と微笑みをともにすることは、何にもまして大切な実践なのです。互いに微笑めなければ、家族の関係は危うくなるでしょう。

呼吸と微笑みの次には、料理がありありと存在をあらわすように見つめましょう。食べ物は、大地と私たちのつながりを目に見えるかたちであらわしています。

ひと口の食べ物の中には、太陽と大地のいのちが宿っています。食べ物が真の姿を見せるかどうかは、私たちにかかっているのです。

パンひと切れの中に宇宙全体を見、味わうことができるのです！　食前にほんの数秒見つめ、マインドフルにいただくだけで、私たちは本当に幸せになれます。家族や友人と一緒においしい食事を楽しむ時間は、当たり前ではない尊い時間です。世界では、多くの人が飢えています。私は、ご飯茶碗やパンを手に取るとき、自分の幸運を自覚し、食べるものがなく、友も家族ももたない人たちへの慈悲を感じます。

これは大変深い実践です。お寺や教会へ行くまでもありません。食卓でそのままできるのですから。マインドフルな食事によって、慈悲と智慧の種は育てられます。そして私たちは、飢えて孤独な人びとを満たすための力を、そこから受け取るのです。

食事中マインドフルネスを保てるよう、ときには沈黙で食べてみましょう。初めての無言の食事は、落ち着かないかもしれません。しかし、慣れてしまえば、沈黙が深い安らぎと幸せをもたらすことがわかるでしょう。

食べる前にテレビを消すのと同じです。食事と食卓をともにする人たちの存在を味わうために、おしゃべりの「スイッチを切る」のです。

毎日、沈黙で食べたほうがいいとは申しません。言葉を交わすことも、理解のためのすばらしい方法です。けれど、会話の内容は検討すべきです。誰かの欠点をあげつらうなどは、人のあいだを疎遠にします。食事中にそんな話ばかりしていたら、用意してもらった心尽くしの料理も台無しでしょう。

その代わりに、料理や一緒に食べていることに気づけるような話題を選ぶなら、私たちを成長させてくれる幸福が育ちます。人の欠点をつくような話題と比べれば、口に含んだパンひと切れへの気づきには、いっそう豊かな経験が含まれます。気づきがいのちを呼び戻し、いのちに目覚めさせるのです。

食事中には、家族や料理への気づきを台無しにするような話題は控えましょう。

気づきと幸せを育むことなら遠慮なく話してください。

あなたのお気に入りの一品があるなら、皆が取り分けているか確かめてみてください。もしまだの人がいれば、心を込めて作られたその料理を勧めて味わってもらいましょう。

テーブルのすてきな料理でなく、職場の問題や友人とのいざこざなどよそのことにとらわれている人は、今という瞬間も料理も逃しています。「この料理はおいしいね、そう思わない？」と、声をかけてみましょう。そんなひと言が、相手を考え事や心配から引き離し、今ここへと連れ戻します。そして、あなたとの会話や食事を楽しめるようになるのです。

そのとき、あなたは、生きるものたちを目覚めさせる菩薩になります。子どもたちはとりわけマインドフルネス実践の能力をもち、周囲にもマインドフルになることを気づかせてくれる存在です。

生活の中で

VERSES FOR DAILY ACTIVITIES

大地に触れる

大地は人にいのちを与え
養ってくれる
そして人を抱き戻す
私たちは　ひと息ごとに生まれ死んでゆく

†——ベトナム語原文にもとづき、
訳を簡略化。

TOUCHING THE EARTH

Earth brings us to life
and nourishes us.
Earth takes us back again.
We are born and we die with every breath.

大地は私たちの母です。すべての生命はそこから生まれ、育まれています。私たち一人ひとりは大地の子ども、そしていつか大地は再び私たちを連れ戻します。私たちは、じつはいつでも、繰り返し蘇り、大地の胸に帰り続けているのです。

瞑想を実践するときには、ひと息ごとに生と死が起こっていることを見なくてはなりません。

大地に触れ、指で土の感触を楽しむ園芸は、最高の健康増進法です。都会に住んでいると、土を耕したり、野菜を植えたり、花の世話をしたりする機会がもてないかもしれません。それでも、わずかな雑草や土を見つけて愛《め》で、大事にすることができます。母なる大地に触れるのは、心の健やかさを保つためにも最良の行為なのです。

手を見つめる

一度も死んだことのない
この手は誰のものだろう?
生まれてきたのは誰だろう
いつか死ぬのは誰だろう

LOOKING AT YOUR HAND

Whose hand is this
that has never died?
Who is it who was born in the past?
Who is it who will die in the future?

手のひらをよく見つめてみましょう。そこにあなたの両親や、連なる先祖のすべてが見えてきます。彼らはひとり残らず、この瞬間に生きています。一人ひとりが、あなたの体の中に存在するのです。あなたはそれらの人びとの継続です。

「生まれる」とは、ふつう居なかったものが存在するようになるということです。じつは私たちにとって、「誕生」の日が始まりではありません。それは継続の日なのです。「継続おめでとう」とお祝いしても、私たちの幸福感に水を差すことには決してならないでしょう。

生まれたことがない私たちが、どうして死ぬことができるでしょうか？　般若心経は、それをはっきり教えています。生まれることもなく死ぬこともない（不生不滅）という実体験があれば、私たちの存在が二元性を超えていることがわかります。「不可分の自己（無我）」への深い洞察は、生死の門を抜けるひとつの道です。

あなたの手が、生まれたこともなく死ぬこともない自分を証します。いのちの糸は、始まりのない時の流れの中で、今に至るまで途切れたことはありません。単細胞生物の時代まで遡《さかのぼ》るあなた以前の世代のすべてが、この瞬間、その手のひらの中に存在します。それは見え、経験できる事実です。あなたの手は、いつでも瞑想の題材になりうるのです。

階段を歩く

昇り降りする階段は
軽やかに歩こう
耳ざわりな足音は
落ち着かない心のしるし

GOING UP AND DOWN STAIRS

Going up or down the stairs,
I keep my steps light.
If I hear my shoes click-clack,
I know my mind's not at peace.

階段は、歩く瞑想にぴったりの場所です。うわの空で歩いてしまったことに気づいたら、戻っていねいにやりなおします。面倒かもしれませんが、これはマインドフルに歩むにはうってつけの練習法なのです。

階段で歩く瞑想ができたなら、どこでもていねいに歩けるはずです。耳ざわりな足音は、マインドフルネスの鐘です。それは今の心はどうかと問いかけているのです。

鐘に耳を澄ます
聴こえる　聴こえる
このすばらしい鐘の音が
本来の私に†
連れ戻してくれる

†――この箇所は、しばしば「本来の家に」とも言い換えられる。

HEARING THE BELL

Listen, listen,
this wonderful sound
brings me back
to my true self.

鐘の音を耳にすると、響き渡り、安定し、消えゆくその音と私たちの心はひとつになります。鐘の助けによって、心は集中し、今この瞬間に戻ります。マインドフルネスの鐘は、私たちを自分へと呼び戻すブッダの声です。

一つひとつの音に敬意を払い、考えることも話すこともやめて、自分とつながり、呼吸しながら微笑んでください。このブッダは外からやってくるのではありません。私たち自身のブッダが、本来の家へといざなうのです。

鐘の音に耳を澄ませない限り、同じくブッダからの呼び声であるそのほかのさまざまな音も聴くことはできません。風の鳴る音、鳥のさえずり、赤ちゃんの泣き声、車のエンジン音でさえ同様です。鐘の調べは、ドアのチャイムの響きや電話の着信音にも宿ります。皆、「本来の私」に戻ることに気づかせてくれる、ブッダの呼び声なのです。

「本来の私」とは、どういったものでしょうか？　本来の私は、私以外の要素からできています。そのように考えることができれば、「自分」という言葉に混乱させられることはありません。鐘を聴く実践は、意識的な呼吸の実践へと私たちを導き、あらゆるものの相互存在（縁起）の本質に目を開かせてくれます。

電話をかける

言葉は　はるか遠くへ旅をする
私の言葉から
互いの理解と愛が生まれますように
宝石のように輝く言葉
花のように愛らしく咲く言葉

USING THE TELEPHONE

Words can travel thousands of miles.
May my words create mutual understanding and love.
May they be as beautiful as gems,
as lovely as flowers.

電話は、とても便利なコミュニケーションの手段です。移動する時間もコストも節約してくれます。しかし、それに振り回される可能性もあります。年中ベルが鳴り続ければ、気が散って何もやり通せなくなってしまいます。

気づきを欠いたまま電話をすれば、貴重な時間と料金が失われます。大して重要でもないおしゃべりをしていることはよくあります。明細書に目をやり、請求額に顔をしかめたことがいったい何度あることでしょうか！

ベルが鳴ったとき、あなたの心はざわめきます。「誰からだろう？　良い知らせ、それとも悪い知らせだろうか？」。それは、不安かもしれません。電話に引き寄せられる力が働き、あなたはそれに逆らえなくなります。そうして電話の餌食《えじき》になってしまうのです。

今度電話が鳴ったときには、動かずにその場にとどまり、呼吸に気づいてみてはどうでしょうか。「息を吸いながら、体を静める。息を吐きながら、微笑む」。もう一度鳴ったときに、さらに呼吸を続けます。微笑みも、最初よりきっと安定しているでしょう。

三回目に鳴ったとき、呼吸を続けながら、ゆっくりと電話に歩み寄ります。あなたは、あなた自身の主人公です。マインドフルネスを保ちながら、ブッダのように歩むことを忘れないでください。受話器を取り上げながら、自分のためだけでなく、相手にも微笑んでいることを自覚しましょう。

イライラや怒りがあるとき、その嫌な気持ちは相手に伝わります。けれど、微笑む人の話し相手は恵まれています。

電話をかける前に、二回息を吸って吐くのに合わせて、この四行のガーターを唱えてみてください。それから受話器を取り、番号を押します。向こう側でベルを聞く相手も呼吸しながら微笑んでいるので、三回鳴るまでは受話器を取り上げないことがわかっています。

そのあいだに、あなたも実践を続けます。「息を吸いながら、体を静める。息を吐きながら、微笑む」。ふたりで一緒に、電話のそばで呼吸しながら微笑むのです。美しい光景ではありませんか！

このすばらしい実践をするのに、禅堂で座る必要はありません。自宅や職場で行えるのです。電話の瞑想はストレスやふさいだ気分をやわらげ、日常にブッダを招き入れます。

正しい話し方（正語《しょうご》）の実践が与える効果を軽んじてはなりません。私たちの発する言葉によって、理解と愛を生み出すことができるのです。宝石のように美しく、花のように愛らしい言葉を使うことができれば、たくさんの人たちが幸せになります。電話のガーターは正語の実践の役に立つばかりか、電話料金の節約にもなるのです。

テレビをつける

私の心はテレビジョン
数え切れないチャンネルから
静かで穏やかな世界を選ぼう
いつも新たな喜びが続くように

TURNING ON THE TELEVISION

The mind is a television
with thousands of channels.
I choose a world that is tranquil and calm
so that my joy will always be fresh.

心は、たくさんのチャンネルをもつテレビと同じで、ボタンを押したところがそのときの〈あなた自身〉になります。怒りを選べば、あなたは怒りです。安らぎと喜びを押せば、あなたは安らぎと喜びになります。私たちはチャンネルを選ぶことができます。そして自分が選んだものになるのです。

どんなチャンネルでも選択可能です。ブッダはチャンネル、マーラ[†]もチャンネル、思い出すこと、忘れること、落ち着きや動揺もチャンネルです。ある存在のあり方から別のあり方に移ることは、映画番組から音楽番組にチャンネルを切り替えるくらい、わけもないことなのです。

安らいだ静かな時間は、自分自身に向き合わねばならないので耐えがたいという人もいます。だからテレビをつけ、夜通し番組にのめり込みます。しかし、瞑想もそれに負けないくらい、夜が更けるのも忘れるほど楽しいものなのです。

†——マーラ：菩提樹下で禅定に入ったブッダを妨害した魔神。煩悩の化身といわれる。

コンピュータを立ち上げる

コンピュータを立ち上げて
意識の蔵にアクセスする
習慣のエネルギーを変化させ
愛と理解を育てるために

TURNING ON THE COMPUTER

Turning on the computer,
my mind gets in touch with the store.
I vow to transform habit energies
to help love and understanding grow.

コンピュータを操作しているとき、心のスイッチが切れ、何時間もコンピュータにつかまったきりになることがあります。ここで心とは、意識のことです。意識には主体と対象というふたつの局面があり、お互いがなければ成り立ちません。

心が何かをとらえるとき、〈私たち自身〉がその対象です。雪に覆われた山を見つめるとき、私たちはその山です。騒々しい映画を観る私たちは、その映画と異なりません。そして、青白く発光するコンピュータのスイッチを入れると、そのコンピュータになるのです。

ガーターの「意識の蔵」とは、すべての潜在意識の種を貯蔵している「阿頼耶識《あらやしき》(蔵識《ぞうしき》)」のことです。先祖や友人や社会から私たちが受け取った種は、大地が落下する種を受け止めるように、意識に蓄えられます。土の中の種と同じく、蔵識の中の種は目に見えず、ほとんど触れられません。

蔵識は、心が受け取る印象を強力に吸い込む性質をもち、人が見、感じ、行動するパターンに影響を与えます。そして私たちは、見るもの聞くものすべてを、心の習慣エネルギーによって解釈するようになるのです。

一枚の紙をくしゃくしゃにつぶせば、元に戻すことは難しくなります。くしゃくしゃになった習慣のエネルギーがそこにあるからです。人間も同じです。しかし幸いなことに、人間はそれを変えることができます。

コンピュータを操作しながら、マインドフルネスの実践をしましょう。スイッチを入れる前に、ガーターを唱えます。十五分ごとにコンピュータから鐘の音がするようにセットするのも可能です。それを合図にいったん止まり、呼吸し、微笑んで、体と心をひとつにし、肩や手の緊張をすべてゆるめることができます。

長時間作業するなら、ときおり立ち上がって部屋の中をしばらく歩き回り、気分を変え、血行を促進することもできます。窓の外を眺めて目を休めながら、つねにリラックスしてタイピングし、モニターに目をやりましょう。

両目は、水面下に波と怪物を隠した深い海である、ブッダはそう言いました。マインドフルネスを忘れて、感覚[†]の扉を見張り、守る方法を知らなければ、一日のうち何度も物質（形）という海で溺れるでしょう。マインドフルネスという舟に乗れば、物質、音などの感覚の対象の海を渡り、しっかりとその場にとどまることができます。その舟は沈まず、私たちが感覚の海で溺れることもありません。

†――感覚：六根。眼、耳、鼻、舌、身、意の六つの感覚。

トイレを掃除する

磨いてこすれば
気分もすっきり
日々少しずつ
心の汚れも落ちていく

CLEANING THE BATHROOM

How wonderful it is
to scrub and clean.
Day by day,
the heart and mind grow clearer.

トイレ掃除が好きな人は、ほとんどいません。しかし、今この瞬間に完全に気づきながら作業すれば、一つひとつの動作に清らかさが見つかります。清らかにするというのは、すっきりと落ち着くということです。トイレを掃除しながら、私たちはまわりも自分もすっきりと清らかにしていくのです。

瞑想の道場では、大抵どのトイレにも花瓶に生けた花が置かれています。マインドフルネスの実践をする道場と同じように、トイレもまた重要な場です。じつに、トイレも瞑想道場なのです。だから、花を生けて供えます。

心を込めて上手に生けられた花は、あなたも心を澄ませ落ち着いて生きられるよ、と語りかけてきます。自宅のトイレに花を飾ることを、皆さんにもお勧めします。

ほうきを使う

ていねいに掃き清める
悟りの大地
その土の中から
智慧の樹が伸びてくる

SWEEPING

As I carefully sweep
the ground of enlightenment,
a tree of understanding
springs up from the earth.

このガーターは、中国の二行詩を参考に作りました。

「僧院の床を掃くときに、智慧の功徳《くどく》が成就する」

この地球全体がそっくりブッダの国です。あなたの家のまわりの道は、目覚めの地です。

煩悩の象徴である魔神のマーラは、ブッダの衣で覆える大きさの土地を提供しようと言ったそうです。ブッダの衣が空へと舞い上がったとき、その影は地球全体を覆いました。ですから、今私たちが立っている場所、家の前の土地、耕す土壌、それらすべてがブッダのものだと言えます。

ベトナムでは、正月になるとそれぞれの家の前に六色仏旗†をつけた棒を立て、ブッダの土地の広大さをマーラに知らしめます。そしてマーラを追い払うのです。

完全な気づきをもって掃き清める場所は、どこでも悟りの地になります。真のマインドフルネス（正念）からは、つねに目覚めの智慧が生まれます。

†——六色仏旗：小部経典に記された、ブッダの体から放たれたという青、黄、赤、白、橙、および輝き（縞模様）の六色を配した旗。

水やりをする

太陽の光と水が
植物をいきいきと茂らせる
慈悲の雨が降り注げば
砂漠さえ広く豊かな大地となる

WATERING THE GARDEN

Sunshine and water
make plants fresh and green.
When the rain of compassion falls,
even the desert becomes a vast fertile plain.

水は慈悲の甘露です。水には、いのちを蘇らせる力があります。慈悲の菩薩である楊柳《ようりゅう》観音は、左手に水瓶を抱え、右手に柳の枝をもった姿で描かれることがよくあります。菩薩は、潤いを与える水のように慈悲を振りまき、苦しみに弱った心に生気を与えます。

雨は穀物を蘇らせ、人を飢えから守ります。畑に水をまくのは、慈悲の雨を作物に注ぐことです。恵みの雨に対する敬意と感謝の心は、私たち自身を癒し、砂漠でさえも広々とした肥沃の地に変えるのです。

植物に水やりをするとき、その水は地球全体への捧げ物です。水を注ぎながら植物に話しかければ、その言葉は私たち自身へと戻ってきます。私たちは、すべての出来事との関わり合いの中で存在しています。水やりをしながら、こんなふうに話しかけてみましょう。

植物さん、君はひとりぼっちじゃないよ。
今注ぐこの水は、大地と空からやってきた。
君と私は、無数の転生を通してずっと一緒だ。

現代、これほど多くの人が疎外感を抱えているのは、すべての存在がつながっていることに気づいていないからです。私たちは社会だけでなく、何からも離れることはできません。

「これあればかれあり」。これは、相依相関《そうえそうかん》の原理を要約した経典中の言葉です。水やりを通して慈悲と関わり合いを体験するのは、すばらしい瞑想の実践なのです。

苗を植えつける

私は大地に身をゆだねます
大地は私に自身をゆだねます
私はブッダに身をゆだねます
ブッダは私に自身をゆだねます

PLANTINGS

I entrust myself to Earth;
Earth entrusts herself to me.
I entrust myself to Buddha;
Buddha entrusts herself to me.

私たちは種をまき、苗を植えつけ、あとは大地に任せます。植物は大地に身をゆだねています。植物が順調に伸びていくかどうかは、土壌によって決まります。植物たちは何世代にもわたり、太陽の光のもとで生き生きと見事に育ち、肥沃な表土を作り出してきました。その表土が、これからも何世代にもわたって植生を養うのです。

大地が美しく、生き生きと緑を育てるか、乾いて干からびるかは、大地に頼る植物しだいです。植物と大地は、生きるためにお互いを必要としています。

ブッダに自分をゆだねるということは、真の豊かさ――悟りの智慧、愛と思いやりという土壌に自分自身をそっくりあずけることです。そのときブッダも、私たちに自分をゆだねます。悟りの智慧、愛と思いやりが芽を出し繋っていくためには、私たち一人ひとりが必要だからです。

こうした良き性質も、私たち自身の内で育てなければ、世界に広がっていくはずはありません。「私はブッダに身をゆだねます（帰依します）」という言葉はおなじみですが、ブッダもまた現実に存在するために、大地と緑がお互いに頼り合うように、私たちに自分を任せていることに思いを向けましょう。

花を摘む

天地の恵み　小さな花よ
摘んでもいいですか？
人生を豊かに彩ってくれる
菩薩のあなたに感謝します

PICKING A FLOWER

May I pick you, little flower,
gift of earth and sky?
Thank you, dear bodhisattva,
for making life beautiful.

花を摘むときには、花だけではなく大地と空にもお願いしましょう。大地と空を含んだすべてが、その花を創ったのです。心の底から感謝を捧げてください。一輪の花は、私たちの人生をより生き生きと美しく彩る菩薩です。私たち自身も、元気で、思いやり深く、幸せであるとき、まわりに贈り物をすることができます。

禅の世界ではよく知られた、一輪の花のエピソードがあります。あるときブッダは、千二百五十人の僧と尼僧の集まりで、一輪の花を掲げてみせました。そして長いこと、ひと言も発しませんでした。その中でひとりだけ、摩訶迦葉《まかかしょう》[†]尊者だけが、ブッダと花に向かって微笑んだといいます。ブッダは彼に微笑み返し、言いました。「私には法の洞察という宝（正法眼蔵）がある。今それを摩訶迦葉に受け渡した」

私にとってこの物語は、決して謎めいたものではありません。それは、今この瞬間いのちに触れ、今この瞬間に起こっている真実を深く見つめることです。その人は、思考にとらわれず、ただ自分自身でいたからこそ、深く花と出会い微笑むことができたのです。

†――摩訶迦葉：迦葉はブッダの十大弟子のひとりで、第一の後継者とされ、ブッダ入滅後の第一結集において座長を務めた。

花を生ける
この世†の真ん中で
花を生ける
私の心は
静かに澄み渡る

†——この世：原文ではSaha＝娑婆《しゃば》。俗世のこと。

ARRANGING FLOWERS

Arranging this flower
in the saha world,
the ground of my mind
is pure and calm.

仏教の伝承では、この世を娑婆と呼びます。娑婆世界とは、苦難、病気、憎しみ、無智、戦争などを耐え抜くための「基盤」である、この地球のことです。娑婆とは、「動く」「耐える」という意味でもあります。ブッダの教えを実践することによって、私たちは自分自身を変え、この地上に奇跡に満ちた美しい浄土をつくり上げます。

花を生けることによって、私たちは人生をさらに美しく彩ることができます。花を生けるときマインドフルであれば、花だけではなく、私たち自身も美しくなります。心の庭が穏やかで明るく、心に咲く花が道を照らし出せば、まわりの人たちも人生の美しさに目覚め、生きることの尊さに気づくでしょう。

怒りに微笑む

息を吸いながら　怒りを感じる
息を吐きながら　微笑む
呼吸に気づき続ければ
自分を見失うことはない

SMILING TO YOUR ANGER

Breathing in, I feel my anger.
Breathing out, I smile.
I stay with my breathing
so I won't lose myself.

自分が怒っていることに気づいたら、意識的な呼吸に戻り、不機嫌さの元になっていると思われる相手を見たり、その声を聞いたりすることを避けましょう。そのとき、行動も会話も必要ありません。呼吸に戻り、息に合わせてガーターを唱えるうちに、自分を苦しめているのが相手ではなく、怒りという感情であることがわかるはずです。最初に吸いながら、ガーターの一行目を唱えます。これは自分自身を鏡に映してみることです。自分がはっきりと見えれば、何をすべきか、すべきでないかがわかります。次の吐く息にも、同じ効果があります。

怒っている最中には、相手こそが苦しみの元だと思い込みやすいものです。その人に悪意を認め、「残酷なやつだ」とか、「辛く当ってくる」「私をつぶそうとしている」などと思います。じつのところ、あなたを損なっているのは、自分自身の怒りなのです。

ですから、怒りの世話をていねいにしてください。家が燃えていたら、すぐに駆けつけて火を消そうと努めねばなりません。火をつけたと思われる犯人を探しに行くのは、ずっとあとです。ガーターの三行目を唱えながら息を吸うと、それが見えてきます。吐きながら、最後の行を唱えます。慈悲の心だけが、怒りの世話役としてふさわしく、また慈悲以外に相手の世話の適役はいないのです。

足を洗う

つま先の安らぎは
全身の安らぎ

†——ベトナム語原文にもとづき、
訳を簡略化。

WASHING FEET

The peace and joy
of one toe
is peace and joy
for my whole body.

私たちにとって、つま先があるのは当たり前になっています。ほかに心配することが多すぎて、つま先のことなど滅多に考えようともしません。しかし、足の小指が棘《とげ》を踏んだらどうでしょう。全身でその痛みを感じるはずです。

片方のつま先を手で包んで、そこにある安らぎを感じてみましょう。それはずっと、あなたの良き連れ合いでした。今は怪我していないし、ガンもありません。つま先が健やかで病んでいないことに、感謝できるでしょう。

私たちのつま先と全身の細胞の一つひとつは、バラバラではなく、相互存在しています。体の病気や怪我の原因は、不潔な食べ物のバクテリアや、よそのドライバーの血中のアルコールや、爆撃機から落下した爆弾など、外部にあるかもしれません。もし太陽が輝きをやめれば、地上のいのちは死に絶えます。

私たちの体も、これらすべてを含んでいるのだということを知りましょう。太陽は体外の心臓です。私たちのいのちと、すべてのいのちは、ひと続きです。足の小指の安らぎは、身心の安らぎ、そして宇宙全体の安らぎです。

つま先とひとつになれば、さらに進んで、すべてのいのちとひとつになれるのです。いのちは宇宙全体からやってきます。あらゆる存在とひとつになるとき、生と死とは、永遠に変化し続ける宇宙の小さな変動にすぎないことがわかるでしょう。

車を運転する

出かける前に
どこへ行くかを知っている
車と私はひとつ
車の速さは　私の速さ

DRIVING THE CAR

Before starting the car,
I know where I am going.
The car and I are one.
If the car goes fast, I go fast.

マインドフルであれば、車を走らせる前に車の正しい扱い方がわかります。ふだんの運転で私たちは、目的地ばかりに気を奪われ、途中の体験を見落としています。しかし、人生は未来ではなく、今という瞬間にこそあるのです。目的地に着いても、じつはさらなる苦しみが待っているかもしれません。

目的地というなら、私たちが最後に行き着くのはどこでしょう。墓場ですか？ 死に向かって行きたくはありませんね。行きたいのは生きる方向です。いのちは、今この瞬間にしか見つかりません。ですから、運転中のどの瞬間も、どんな操作でも、今ここに意識を戻さねばなりません。

赤信号や「止まれ」の標識では、それらに向かって微笑み、感謝しましょう。どれも私たちを今に戻してくれる菩薩なのです。赤信号はマインドフルネスの鐘です。赤信号なんて、目的地に行くのを邪魔する敵でしかないと思うかもしれませんが、じつは、焦る気持ちを冷まして、今この瞬間に私たちを引き戻し、人生と、喜びと、安らぎに出会わせる友だということがわかります。

今度渋滞につかまっても、抵抗しないように。抵抗は無意味です。ゆったりと構えてひとりで微笑み、今ここを楽しめば、あなたは車内の人たちすべてを幸せにできるでしょう。ブッダがそこにいます。ブッダはいつでも、今この瞬間にいるからです。

瞑想の実践とは、今に立ち返り、花や青空や子どもや、輝く赤信号に触れることなのです。

ゴミを処理する

生ゴミの中にバラが見える
バラの中に生ゴミが見える
すべては姿を変える
常は無常の中に

RECYCLING

In the garbage, I see a rose.
In the rose, I see the garbage.
Everything is in transformation.
Even permanence is impermanent.

ゴミ箱、コンポスト、リサイクルボックス——物を捨てればいつでも嫌な臭いが放たれます。生ものが腐るとその臭いはさらに強烈ですが、それは畑の土を肥やすすぐれた堆肥にもなるのです。

香り高いバラと臭う生ゴミは、同じものの両面です。片方がなければもう一方もありません。あらゆるものは姿を変えます。しおれたバラは、六日もすれば半ば生ゴミになるでしょう。そして半年後には、生ゴミはバラに変わるのです。

「無常（変わりゆくこと）」という言葉を使うとき、あらゆるものがつねに変化するものだということがわかります。これはあれになり、あれはこれになるのです。

深く見つめれば、ひとつのものの中にそのほかのすべてが見えてきます。あらゆるものに相互のつながりと継続が見出せれば、変化に惑わされることはありません。

個々のいのちが永遠だということではなく、いのち自体が連綿と続くのです。あなたといのちがひとつになり、「分離した自己」というくくりを超えることができれば、無常の中に常が見え、生ゴミの中にバラが見えてくるはずです。

抱擁の瞑想

息を吸いながら
大切なあなたを抱《いだ》く深い幸せ
息を吐きながら
この腕の中で確かに生きているあなた

HUGGING MEDITATION

Breathing in,
I am so happy to hug my beloved.
Breathing out,
I know they are real and alive in my arms.

かわいい子どもが甘えてきます。そんなとき、あなたがうわの空で、過ぎたむかしばかりを思い、行き先を心配していたら、または怒りや怖れでいっぱいならどうなるでしょう。目の前にいるその子は、あなたにとって存在していません。その子もあなたも、幽霊のようなものです。

子どもとしっかり出会うには、今このときに戻らなければなりません。相手を抱きしめるチャンスは、この瞬間以外にないのです。

意識的な呼吸によって体と心をひとつにし、自分を今ここにしっかりと確立させます。あなたが本当に存在すれば、その子も本当に存在します。子どもは奇跡です。抱擁しながら呼吸を続ければ、一緒に生きていることがはっきりと実感できるでしょう。このガーターは、両腕に抱きとめる大切な人のかけがえのなさを思い出させてくれます。

一日の終わりに

今日も日が暮れ
人生が一日短くなる
この日を私は
どう過ごしたのだろう
心をこめて
この実践の道に努めよう
一瞬一瞬を深く自由に生き
無意味に時を失わぬように

ENDING THE DAY

The day is ending,
our life is one day shorter.
Let us look carefully
at what we have done.
Let us practice diligently,
putting our whole heart into the path of meditation.
Let us live deeply each moment in freedom,
so time does not slip away meaninglessly.

「新たな出直し」の実践は、人生のどんな瞬間でも行えます。生まれるのは、新たに始めること。三歳になって始めることもできれば、六十歳で出直すこともできます。死の間際になろうとも、そこからやり直すことができるのです。深く見つめれば、どんな年齢でも、日常のどんな機会にも、新たな出直しが可能だということがわかるでしょう。

人間である私たちに、過ちはつきものです。過ちがなければ、寛容さや思いやりを学ぶことはかないません。罪悪感という牢獄に囚われたままではいけません。過ちから学ぶことができたとき、生ゴミはすでに花に変容し始めています。

人生のすべてを意味あるものにするために、いつでも新たに始めることはできます。人生が意味をもてば、幸せは現実になり、あなたはその場ですぐに菩薩となるのです。菩薩とは、心に慈悲をたたえながら、人を微笑ませ苦しみをやわらげる、そんな存在です。私たち一人ひとりが、そうした存在になることができるのです。

涅槃を生きる

VERSES FOR ENTERING THE ULTIMATE DIMENSION

詩は詩人の心の深みから湧き出てきます。その源を蔵識と呼ぶのは、さまざまな可能性をもつ種がたたえられているからです。そこには悟りと解放の種が存在します。それは個人の蔵であると同時に、集合意識の蔵でもあります。

本章に集めた「究極の次元（涅槃）」と「歴史的次元（日常）」のガーターは、意識に深く蓄えられた愛と理解の種に触れさせてくれます。

「涅槃」をテーマにしたガーターでは、読者はそのまま涅槃への一歩に誘われます。それは生と死、存在と非存在を超えた領域です。

「日常（ふだん、いつも）」をテーマとしたガーターでは、読者はふだんの生活を深く味わうことを通して、涅槃へといざなわれます。

トイレを使う

涅槃で小水を放てば
不思議な水のめぐりが見えてくる
あなたと私は別でなく
失うことも得ることもない

URINATING

Urinating in the ultimate dimension,
a wonderful exchange happens.
I and you are not two.
No loss and no gain.

このガーターは、自然界の水の循環を見せてくれます。水を飲んだあと、それは体の中をめぐり、尿や、汗や、涙などとなって排出されます。体内と体外の水分の交換は、自然の水のめぐりであることがわかります。

ここから、「あなたと私は別でない」という意味がわかるでしょう。私たちは体内の水を「私（のもの）」と言い、体外の水を「あなた（のもの）」と呼びますが、実際にそれらは別のものではないのです。

服をまとう

いつものように服をまとい
私と世界が華やげば
山と川とがこしらえた
浄土はこの手の中にある

PUTTING ON CLOTHES

Putting on clothes in the historical dimension,
I adorn myself and the world.
The pure land is in the palm of my hand,
created by mountains and rivers together.

仏教では、行為は二種類の果実という結果を産むと言います。自らの体と心、そして、まわりの環境です。服を着るとき、自分自身が美しく飾られ、世界が美しく飾られることに気づきます。

五つのマインドフルネス・トレーニング（仏教的視点から見た地球大の精神性と倫理観）

の実践は、私たちを美しくします。そして、理解と愛が世界を美しくするのです。浄土は死んでから行くところではありません。今ここにある、山や川など自然の美の中にあるのです。

足で歩く

涅槃を歩く
頭ではなく　足で歩く
頭で歩けば
道を見失う

WALKING WITH YOUR FEET

In the ultimate dimension,
I walk with my feet and not with my head.
When I walk with my head,
I lose my way.

過去や未来の考えにとらわれながら歩いていると、今この瞬間に存在するすばらしい現実を逃します。今ここに真に生きなければ、涅槃には触れられません。一歩一歩をていねいに歩けば、私たちは「存在」と「不在」という常識から解放されます。

歩きながら永遠に触れる

手に手をとって
あなたと涅槃を散歩する
ふたり一緒にこの道に帰る
何千年も前に
そして何千年もあとに

WALKING AND TOUCHING ETERNITY

Taking a stroll in the ultimate dimension,
your hand in my hand,
thousands of years before
and thousands of years after,
we return together to the path.

涅槃では、この世に存在しない人の手をとることができます。一緒に歩くのは、ブッダ、キリスト、キング牧師などの偉人だけでなく、親しい友でもかまいません。ともに涅槃を歩けば、過去や未来という考えからは解放されます。

いつも座る場所で

岩にもたれて座る
くつろぎの今このとき
蝶は変わらずここに飛び
バラは親しくここに咲く

SITTING IN THE HISTORICAL DIMENSION

Sitting at leisure in the historical dimension,
I lean against a boulder.
That butterfly is still there.
This rose is no stranger.

海辺や山の草の上に座るとき、日常と深くつながることができます。蝶に目をやれば、それはすばらしい存在の表れです。寿命は短くても、蝶は花から花へと舞い、はかない一生の一瞬一瞬を楽しんでいるように見えます。バラは、長いことそばにいた大切な友だちです。

私たち人間は、くつろいで座ることを学び直さねばなりません。今は何もしないこと！　ただそこに座ってください。

気がかりとともに座る

くつろいで座るいつものひととき
気がかりが心に湧くのを感じたら
涅槃を見つめて微笑んでみる
三つの時間の行き来は自由

SITTING WITH ANXIETY

Sitting at leisure in the historical dimension,
if I hear my anxiety bubbling,
I look at the ultimate and smile.
The three times interpenetrate freely.

くつろいで座っていても、突然不安を感じることがあります。不快な感情が生まれると、私たちはよく何かでごまかそうとします。冷蔵庫を覗いて食べ物を探したり、テレビをつけたり、電話をかけたり、雑誌や本を手にするのです。

このガーターは、ふだんと違ったやり方を教えてくれます。座って自分の心に耳を傾けることです。そうすれば、過去、現在、未来（三つの時間）がお互いに交流していること、肝心なのは今の自分のあり方であることがわかるでしょう。今が未来を決定するのです。

そうすればもう、不安にとどまる必要はありません。大切なのは微笑みです。微笑みは脳に希望のメッセージを届けるからです。

草むしりをする

涅槃で草をむしれば
子どものころを思いだす
世界中の子どもが守られ
怖れから自由でありますように

WEEDING

Weeding in the ultimate dimension,
I remember when I was a child.
May all children
be safe and free from fear.

庭いじりをするなら、草むしりは避けられません。草むしりは自然を傷つけるのではないかと思う人がいるかもしれませんが、愛と思いやりの心で行うことはできます。子どものころ私たちは初々しく、純粋で、恥ずかしがり屋でした。その子は今でも涅槃の領域で草むしりをしています。あなたは、あなた自身であるその子を愛しく思い、すべての子どもに愛を感じるでしょう。

落ち葉かきをする

涅槃で落ち葉かきすれば
どの葉もすばらしき表れ
来ることも去ることもなく
隠れんぼうで遊んでいる

RAKING LEAVES

Raking leaves in the ultimate dimension,
each leaf is a wonderful manifestation.
In the game of hide-and-seek,
there is no coming and no going.

秋になると、数えきれないほどの枯葉がためらわずに大地へと帰っていきます。落ち葉は隠れんぼうをしているのです。

春になれば、それは若芽として表れます。夏には、太陽の光と大気を吸った輝くばかりの緑が木を育てます。秋には黄や紅に色づき、大地に横たわります。冬に葉は分解し、大地に溶け込んで木の栄養になります。

こうした姿のすべてが、木の葉の不生不死を知らせてくれるのです。

食器を洗う

いつもの食器を洗いながら
ふと微笑んで
今何してる？と自問する
見ればほころぶバラのつぼみ

WASHING DISHES

Washing dishes in the historical dimension,
I smile to myself.
What am I doing?
Over there a fresh rosebud opens.

日常生活では、マインドフルネスが不足がちになります。それに気づいたら、いったん止まって今何をしているのか自問します。

たとえば、「食器を洗っている」と答えます。続けて「何のために？」と聞いてみましょう。「きれいにするため」は的はずれな答えです。食器はいつまでもきれいなままではないからです。

「安らぎと喜びを感じるため」、または「家族やまわりに愛を表したいから」はどうでしょうか？

そのとき、私たちはこの瞬間に戻り、心には初々しいバラのつぼみがあります。禅の師匠が厨房にやってきて、何をしているか訊ねることがあります。「食器を洗っています」と言うなら、失望されるでしょう。洗っているのはわかり切っているからです。

師は、あなたの心の状態が知りたいのです。心がバラのつぼみのように初々しければ、師は喜ぶでしょう。

自由な心で食器を洗う

いつものように洗いもの
お皿が高く積まれていく
涅槃にいると思うなら
いつまでも楽しい水仕事

WASHING DISHES IN FREEDOM

Washing dishes in the historical dimension,
I see them piled high.
Looking from the ultimate dimension,
I am happy washing dishes forever.

山積みの食器を見ると、やる気が削がれることがあります。しかしマインドフルに洗う方法がわかれば、一つひとつの食器が悟りの貴重な機会に変わるでしょう。

ふだん私たちは、洗い物などさっさと片づけて、もっと有意義なことをしたいと思っています。涅槃では、今していること以上に意味のある行為はありません。

†――基礎的なマインドフルネス実践の案内書に、ティク・ナット・ハン［著］／池田久代［訳］『〈気づき〉の奇跡　暮らしの中の瞑想入門』（二〇一四年　春秋社）がある。

真理を分かち合う

涅槃で真理を分かち合う
あなたを見つめ微笑む私
たしかにあなたは私自身
聴く者と話す者は違《たが》わずひとつ

SHARING THE DHARMA

Sharing the Dharma in the ultimate dimension,
I look at you and smile.
Yes, you are me.
The listener and the speaker are one and the same.

私たちは、ときおり集まって瞑想の体験を分かち合います。対話は聴く相手があるからこそ成り立ちます。聴いてくれる人がいなければ話は伝わりません。そのことを忘れず、相手のためになるような話し方を心がけましょう。聴き手をよく見つめながら、自分の言葉が与える影響を確かめてください。

先祖や子孫とともに食べる

ふだんの食事で
先祖すべてが養われる
子孫に道を開いてゆく
皆ともに　未来への美しき道をたどろう

EATING WITH ANCESTORS AND DESCENDANTS

Eating in the historical dimension,
I nourish all my ancestors.
I open a way for my descendants,
and together we can find a beautiful path forward.

自分が先祖や子孫とひとつであると知ったとき、私たちは涅槃の領域に一歩踏み出します。皆ともにいのちの流れに含まれているのです。父、母、祖父母は私の中で生き、いつも一緒に食事しています。それに気づけば、食べ物にマインドフルになれるでしょう。

この体は、好きなように使える占有物ではないことがわかります。私たちは、貴重な遺産を受け継いでいるのです。だから未来の世代のために、いただいたものを大切にしたいと思います。子孫は私たちの未来です。自分の日常のふるまいによって、彼らが育つか、損なわれるかが決まるのです。

慈悲の心で食べる

いつもの食事で
噛むリズムは呼吸のリズム
奇跡とは　与え合うこと
私の慈悲が絶えることなく
すべてに彼岸への道を開きますように

EATING WITH COMPASSION

Eating in the historical dimension,
my chewing is as rhythmic as my breathing.
How miraculously we nourish each other.
May I maintain compassion alive
and help all beings to the other shore.

与え合うのはすばらしいことですが、そこには悲惨な現実も含まれています。生きるためにライオンは鹿を、鳥は虫を、蛇は蛙を食べねばなりません。

人間である私たちは、動物を食べず菜食で生きることもできます。菜食の食事も深く見つめれば、野菜や穀物の耕作が多くのいのちを奪っていることがわかります。

事実を知れば、慈悲の心を育てる食べ方を心がけるようになるでしょう。食事がいのちに苦をもたらすことを知り、できるだけ苦しみを増やさないような食べ方によって慈悲を養っていくのです。

怒りを見つめる

人に怒りを感じるたびに
私は呼吸する
涅槃を見つめて微笑めば
たわむれに現れ消える愛憎は
川の水のうねりにも似る

BEING ANGRY

Angry with someone in the historical dimension,
I breathe.
I look at the ultimate and smile.
Love and hatred take turns in the game
like the rising and falling of river waters.

愛と憎しみは生きものです。大切な人への愛がたちまち憎しみに変わったり、嫌った人を好きになることもあります。怒りが湧いたら、何回か深呼吸して自分にスペースをあげましょう。それは後悔するような言動の予防になります。

怒りという感情は、瞬間的な反応です。思い込みで拍車をかけなければ、それは消えていくのです。

怒りの無常とともに

心に怒りが生まれるたびに
目を閉じ未来を見つめる
三百年後の私たち
あなたはどこに　私はどこに

THE IMPERMANENCE OF ANGER

Feeling angry in the historical dimension,
I close my eyes and look into the future.
Three hundred years from now
where you will be and where shall I be?

このガーターは、目を閉じ心を平静にして、自分を怒らせた人から意識をそらさせてくれます。マインドフルに呼吸し、はるか未来へと心を羽ばたかせてください。私の体と怒りの対象である人の体は、砕けて塵になっているでしょう。いのちのはかなさを知れば、怒りに時間を費やすのが嫌になるはずです。

休息する

涅槃でひと休み
雪を載せた山々を枕に
両腕で桃色の雲を抱いて
永遠《とわ》に続く峰や丘のうねりとなる

RESTING

Resting in the ultimate dimension,
the snow-capped
mountains are my pillow.
With arms embracing the pink clouds,
I become the never-ending
mountains and rolling hills.

たまには、横たわってしばらく休むときがあるでしょう。涅槃に触れれば、自分が肉体や敷きものを超えた存在であることがわかります。心は大きく広がり、大地と空を抱きしめています。

堆肥を運ぶ

涅槃で堆肥を運ぶなら
分別なしに見つめてみよう
堆肥を未来に託せば
来世紀には咲いて花となる

TAKING OUT THE COMPOST

Taking out the compost in the ultimate dimension,
I look with nondualistic eyes.
Entrusting the compost to the future,
flowers blossom in the next century.

私たちは清潔と不潔を対立させて考えがちです。花はきれいだけれど堆肥は汚いというように。しかし涅槃では、浄と不浄の区別はありません。堆肥を見れば、そこに生まれようとしている花が見えます。

このガーターは、私たちが出す廃棄物への気づきを深めてくれます。大地や海をプラスチックで埋め尽くせば、地上に花が咲くことはできません。マインドフルな消費を心がけ、自然の中で循環しないゴミを出さないよう気をつけたいものです。

寂しさを味わう

寂しさを感じたときにはいつも
やさしい子守唄で
辛い気持ちを抱きしめる
雪が山をすっぽりくるむように

LONELY

Feeling lonely in the historical dimension,
I embrace my pain
with a gentle lullaby,
like falling snowflakes covering the whole mountain.

誰でも寂しさを感じるときがあります。その気持ちを紛らわそうとしないでください。寂しさに気づき、母や父が泣いている赤ちゃんをなだめるようにやさしく世話しましょう。そうして接するうちに、寂しさが変容するのがわかります。

マインドフルに座る

いつものようにここに座る
どこにいても悟りは可能
数えきれない生死の輪の中で
今ここはかけがえのない瞬間

SITTING MEDITATION

Sitting in the historical dimension
anywhere can be a place of enlightenment.
Through countless rounds of birth and death,
this moment is unique.

マインドフルに座れば、どこにいてもいくらかの束縛から解放される小悟が可能になります。完璧な目覚めの大悟でなくてもいいのです。小さな悟りが積み重なれば、それが大きな一歩になります。

限りない生と死のめぐりを旅する私たちですが、じつはどの一瞬も、心のすべてを注ぐ価値のある特別な瞬間なのです。

庭の水やり

涅槃で庭に水やりすれば
私はいのちとひとつになる
雲と雪は流れに溶けて
峰を下って大海にそそぐ

WATERING THE GARDEN

As I water the garden in the ultimate dimension,
I am part of life.
Clouds and snow are in this stream of water
as they go from high mountains to the wide ocean.

水やりは、いのちの世界に良き貢献ができることを自覚する機会です。私たちは人が生きるために欠かせない木、花、低木、さまざまな植物を助けることができます。そして水の循環を知って、畏敬の念を抱くのです。

服をつくろう

いつものように服をつくろい
人生を整えなおす
針と糸を運びつつ
瞑想の果実は熟れてゆく

MENDING MY CLOTHES

Mending clothes in the historical dimension,
I am making my life whole again.
With needle and thread,
I realize fruits of the practice.

法衣《ほうえ》をつくろいながら、六針目で、目覚めの果実を受けとった修行僧の話があります。心安らかに服を縫うとき、両手の中にゆったりと夜なべで裁縫をする先祖の姿が見えます。

くつろいで座り、作業に深く集中すれば、自分の両手が先祖の両手であり、瞑想の果実であることがわかるでしょう。

訳者あとがき

本書は、Thich Nhat Hanh, Present Moment Wonderful Moment : Mindfulness Verses for Daily Living, Parallax Press（一九九〇年初版、二〇〇八年改訂版、二〇二一年再改訂版）の日本語訳である。

すでに二〇一七年私自身による翻訳本が出版されていたが、絶版により入手困難となっていた。今回ご縁をいただき装丁も新たに野草社から出版されることになったが、おりよくプラムヴィレッジの原本が大幅に改訂されたばかりで、約一・五倍ページが増え、全面的に編集し直された新しい形で届けられることになった。

自らが創設した仏教共同体プラムヴィレッジでの二〇〇九年六月の法話の中で、ティク・ナット・ハン（親しみを込めて〝ダイ〟＝先生と呼ばれる）は、自身が説く瞑想の要点を語っている。

「それは、家庭、地域、街や社会の中において、一日中途切れることなくマインドフルネスの実践を行うことです。あなたの歩み方、視線の投げかけ方、座り方などが、まわりの人びとに影響を与え、どのような時でも安らぎと、幸福と、喜び、そして友愛を育むことを可能にするのです」

あなたの一挙手一投足がまわりのすべてに影響を与える。それが教えの核心であるインタービーイング（縁起、相依《そうえ》相即《そうそく》）――すべての存在は単独では成り立たず、互いに存在し合うことである。

近年ではアプライド・ブディズム（Applied Buddhism：応用仏教）という呼称で、仏教の教えと実践を社会に広く適用する積極的な姿勢を示している。タイの教えとプラムヴィレッジの活動は、日本でも知られてきている「マインドフルネス・ムーブメント」の起源であり、今も中心にあり続けていると言っていいだろう。

仏教の実践を短詩にしたこのガーター（偈頌《げじゅ》）集は、生活のあらゆる場面でマインドフルネスの実践を行うための、言葉による導きである。サンスクリット語の「ガーターgāthā（गाथा）」（音写で伽陀《かだ》または偈陀《げだ》とも）の原義は「歌」であり、サンスクリットの音節や行数などによってリズムを形成する、韻文で書かれた仏教の短詩である。その内容は一般的には仏徳を讃えたり、ブッダの教えを簡潔に伝えるものだ。

ここでタイは、現代の生活にふさわしいさまざまな「アップデートされた」ガーターを提供している。とりわけ最終章の「涅槃を生きる」は、今回の改訂で新しく加えられた、日常の中で涅槃＝悟りの世界に触れるための言葉である。日々その心持ちを抱いて実践したらどんな境涯に触れられるのか、まず一つからでも習慣にしてみたい。

本文中のガーターは、左に英文、右にその訳文という体裁になっている。英文は簡潔なものだから、そちらだけを読んでもおおよその見当はつくだろう。続く解説で、作者自身がガーターの真意を伝え、日常への応用のヒントを語る。

原文がベトナム語で書かれているため、英文への訳出にあたって生じたずれの修正や、原書出版後にさらに改変された箇所などについて、日本人尼僧シスター・チャイやプラムヴィレッジのスタッフの協力によって日本語に訳出した。

本書の「はじめに」でも触れられているが、タイが慈孝寺で沙弥出家をした頃、修行の手引きとして手渡された讀體《ドウテイ》師編纂の「毘《び》尼《に》日用切要《にちようせつよう》」（毎日使うためのガーター集）が、本ガーター集の下敷きになっている。

フランスのボルドーや世界各地の僧院・瞑想センターを訪ねると、建物のあちこちに貼られた英・仏・ベトナム語のガーターを目にすることができる。各地で開催されるリトリート（瞑想合宿）でも、ガーターは最大限活用されている。リトリートでは、スタッフの手作りで名刺大のカードに言葉を印刷したものを、帰りに持たせてくれることもある。私も自作のカードも含めてたくさん持っているが、それは小さなお守りとなって、ポケットの中で「気づきの鐘」を鳴らし続けてくれるのだ。

私が住む「ゆとり家」（ワークショップハウス）のあちこちにも、ガーターが配置されている。当初は毎月の瞑想会のためだったが、それ以外の生活の中でも、ときおり言葉が「目に飛び込んで」くる。そうして、ハッと一瞬の気づきをもたらしてくれるのだ。

本を手にとり読んでいる最中に感銘を受けた言葉でも、そのうちすっかり忘れてしまうことがよくある。お気に入りの一節を書き出して、机の上に貼っておくのはどうだろう。本書は、まさにそのためにあるようなものだ。お気に入りのガーターを見つけたら、ぜひ抜き出して手元に置いておかれることをお勧めする。訳語がぴったり来なければ、自分なりの言葉で訳出するのも楽しみだろう。

タイからは何度も、日本にはすでにマインドフルネスの伝統があるのだからそれに帰りなさい、と言われた。禅は言うまでもなく、俳句や茶道、華道、武道、日常の作法や習慣、振る舞い方、それらの中に現代人が無意識になっているが失い切ってはいないマインドフルネスが豊かに息づいているはずだ。そこに目を向ければ、新たな「和のマインドフルネス」が生まれるかもしれない。

コロナ禍のあいだ私たちは閉じこもりを強いられ、外出も遠慮がちだった。しかし見方を変えれば、特別なイベントがなくても日常生活を無事に送るだけでいかに幸いであるかに気づくチャンスだったともいえる。「日常の中にマインドフルネスはある」。それを知るのに毎日触れるガーターのような言葉が大いに助けになるはずだ。

本書は二〇二二年一月に逝去されたティク・ナット・ハン師の私たちへの大きなプレゼントである。


今回の新版に際して、野草社の石垣雅設社長、編集の髙橋葵氏、竹内将彦氏、校閲に全面的に協力を仰いだシスター・チャイとプラムヴィレッジの母体ＵＢＣ（統一仏教教会）の皆さんにお礼を申し上げます。さらにマインドフルネス・ビレッジの皆さん、日本のプラムヴィレッジのサンガ仲間、妻のさなえと十二歳になった幸弥の見守りに感謝します。

師の一周忌を迎えた旧暦新年の日　大寒のゆとり家にて　島田啓介

ティク・ナット・ハン（釈一行）◎Thich Nhat Hanh

一九二六年ベトナム中部生まれ。ベトナム臨済宗（竹林派・柳館派）の法嗣。瞑想指導者、仏教学者、作家、詩人、平和活動家。

フエ市慈孝寺にて十六歳で出家。一九六十年代初めにサイゴンで、仏教の非暴力と慈悲にもとづく社会奉仕青年学校、ヴァン・ハン仏教大学、ティプ・ヒエン（相互存在）教団を創設。一九六六年平和使節としてアメリカとヨーロッパを歴訪し和平提案を行うが、その中立的な立場からの主張を理由にベトナム政府から帰国を拒否され、以後フランスでの亡命生活に入る。

フランスで一九八二年に南部ボルドーに仏教の僧院・瞑想道場である「プラムヴィレッジ」を開き、生活と一体になった瞑想を実践しつつ、世界中から多数の参加者を受け入れ、瞑想会（リトリート）や研修を行う。また著作・講演活動を通じて仏教の教えと平和の実践を説く。欧米やアジアにも僧院を持ち、毎年世界各地を歴訪、一九九五年の来日では各地で講演やリトリートを行った。

今世紀に入り、ニューヨークでの非暴力と許しのスピーチ、米連邦議会議員を対象にした瞑想会、グーグル本社での講演と瞑想会、イスラエル人とパレスチナ人の和解のリトリートなど、「応用仏教」の活動を広げる。

二〇一四年秋脳出血で倒れてから長期の療養に入る。二〇一八年ベトナムに永住帰国。晩年を慈孝寺で過ごし、二〇二二年一月二二日九五歳で逝去。
邦訳書　『ブッダの〈気づき〉の瞑想』『ブッダの〈呼吸〉の瞑想』『ブッダの〈今を生きる〉瞑想』『リトリート』『大地に触れる瞑想』『ティク・ナット・ハンの般若心経』『ティク・ナット・ハン詩集』（以上野草社）、『ティク・ナット・ハンの幸せの瞑想』『怖れ　心の嵐を乗り越える方法』『和解　インナーチャイルドの癒し方』（以上徳間書店）、『沈黙』『微笑みを生きる』『死もなく、怖れもなく』（以上春秋社）ほか多数。

ティク・ナット・ハン　関連ウェブサイト

プラムヴィレッジのウェブサイト
http://plumvillage.org/

プラムヴィレッジへの日本語での問い合わせ
japan@plumvillage.org

日本の総合サイト
ティク・ナット・ハン　マインドフルネスの教え
https://www.tnhjapan.org/
日本各地の瞑想会情報（上記サイトの各地の瞑想サンガページ）
https://www.tnhjapan.org/sangha-in-japan

訳者略歴

島田啓介◎しまだ・けいすけ

一九五八年群馬県生まれ。現在マインドフルネス講師、翻訳・執筆、精神保健福祉士（PSW）、カウンセラー、ワークショップハウス「ゆとり家」主宰。日常のマインドフルネスの手法を生かして、企業や施設職員研修、授業、一般向け講座、合宿などを提供している。

著書『奇跡をひらくマインドフルネスの旅』（サンガ）、翻訳書はマインドフルネスの父と言われる禅僧ティク・ナット・ハンの著書『ブッダの〈気づき〉の瞑想』（共訳）、『ブッダの〈呼吸〉の瞑想』『ブッダの〈今を生きる〉瞑想』（以上、野草社）をはじめとして、瞑想、文学、心理、医療分野で多数。

ゆとり家ウェブサイト　https://www.yutoriya.net/

今このとき、すばらしいこのとき
日々の暮らしの中で唱えるマインドフルネスのことば

2023年3月10日　第1版第1刷発行

著　者　ティク・ナット・ハン
訳　者　島田啓介
発行者　石垣雅設
発行所　野草社
東京都文京区湯島1-2-5　聖堂前ビル
tel 03-5296-9624　fax 03-5296-9621
静岡県袋井市可睡の杜4-1
tel 0538-48-7351　fax 0538-48-7353
発売元　新泉社
東京都文京区湯島1-2-5　聖堂前ビル
tel 03-5296-9620　fax 03-5296-9621
印刷・製本　創栄図書印刷

ISBN978-4-7877-2381-9 C1014

ブックデザイン——堀渕伸治◎tee graphics
本文組版————tee graphics